5分間でやる気脳に

このドリルは、子どもたちが興味を示しそうな内容を、短い文章にしてのせています。

読解学習の基礎・基本を、細かいステップで組み立ててあり、順を追って無理なく学習できます。

短い文章と問いを、ていねいにくり返し読み取ることで、読解力がつくようにしてあります。

子どもが1ページやり終えるごとに、しっかりほめてください。

脳からドーパミン（脳のホルモン）が出て、「やる気が育つ」ことが科学的に確認されています。

「ドリルをする」

←「ほめる」

←「ドーパミンが出る」

←「やる気が育つ」

この循環で、子どもの脳はきたえられ、かしこくなっていきます。

そうなるように工夫して、このドリルをつくりました。

ドリルをする → ほめる → ドーパミンが出る → やる気が育つ

5分間読解ドリルの特色

● **1日5分、集中しよう**

子どもたちが興味を示しそうな短い文で設問が少なく、短時間で取り組めます。

● **毎日続けよう**

家庭学習の習慣が身につきます。

● **まるつけも　かんたん**

答えはうらのページにのせています。つまった問題は、解答を見て再度挑戦してください。

解説やイラストつき

問題に出てきたことがらがよくわかるように、解説やイラストをつけました。また、楽しく取り組める問題ものせています。

目　次

1 主語・述語を読み取る
カレーという言葉

月　日

点/40点

カレー料理は、インドからイギリスを経て日本に伝わった㋐。ただ、カレー粉もカレーライスもイギリスの発明品だ。

カレーという言葉を最初に使ったの㋑は、南インドをせん領したポルトガル人だという。

南インドに野菜や肉を意味する「カリ」という言葉がある。スープをかけたご飯を食べているインド人にポルトガル人が「それは何か」とたずねると㋒、かれはスープの具を聞かれたと思い「カリ」㋓と答えたそうだ。

それから、「カリ」が「カレー」となって広まったようだ。

---

1 ㋐は、何が日本に伝わりましたか。（10点）

［　　　　］

2 ㋑は、だれですか。（10点）

［　　　　］

3 ㋒は、だれがだれに何とたずねましたか。（10点）

ポルトガル人が［　　　　］に

［　　　　］とたずねた。

4 ㋓は、何を聞かれたと思ったのですか。（10点）

□□□□□

カレーと呼ばれるのは香辛料（においや、からみをつけるコショウやニンニク、トウガラシやサンショウ、ショウガなどのスパイス）をたくさん使い、野菜や肉類を味付けしたインド料理全体を指します。

日本でカレーといえば、カレー粉に小麦粉を加えた、とろみのあるカレーをご飯にかけて食べるカレーライスを指します。

最近ではドライカレー、カレーパン、カレーコロッケなど、カレー味のものが大人気になっています。

カレーライス

こたえ

1 カレー料理

2 ポルトガル人

3 インド人

それは何か

4 スープの具

② 主語・述語を読み取る
アフリカヒョウ

月　日

点/40点

㋐アフリカヒョウは大型ネコ科の動物ではめずらしく木登りを得意とする。

ヒョウは暑い日中、ほとんど樹上(じゅじょう)で昼ねをする。森の中の木もれ日や葉や枝に体がかくれるように、㋑体の模様(もよう)もドーナツ状の形をしている。

㋒かりの仕方も模様をいかした樹上からとびかかる待ちぶせこうげきだ。

とらえた自分より大きいえものは、口にくわえ樹上に引き上げる。ハイエナなどの肉食じゅうやタカなどの肉食の鳥に横取りされないためだ。そして、数日かけてじっくり食べる。

そのため、足は太く短く、しっぽは長く、㋓樹上での生活にふさわしい体形に進化している。

1　㋐は、何科の動物ですか。（10点）

［　　　　］

2　㋑は、なぜですか。（10点）

［　　　　］

3　㋒は、どのようにしますか。（10点）

［　　　　］

4　㋓は、どのような体形ですか。（10点）

［　　　　］

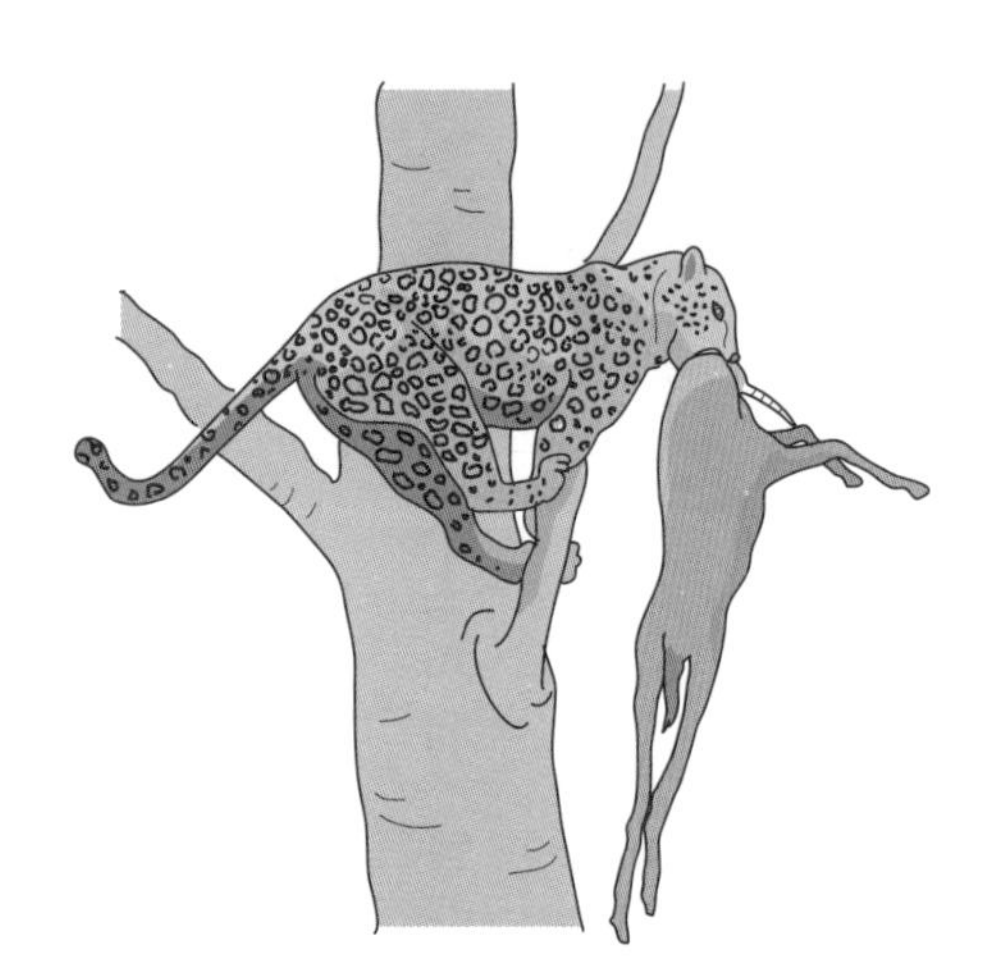

えものを引き上げる

アフリカヒョウ

こたえ

1 ネコ科

2 身をかくすため

3 樹上からとびかかる
待ちぶせこうげき

4 足は太く短く、
しっぽは長い

３ 主語・述語を読み取る
植物工場

月　日

点/40点

近年、野菜などの植物を育てる植物工場が増えている。

植物のさいばいには光や温度、水分、養分などが必要だが、ここでは㋐それらをコンピューターで管理して、植物にあたえている。今までのハウスさいばい、温室さいばいとは異（こと）なる。

㋑都会のビルの中でもできるようだ。植物工場は、光を人工光にするか自然光にするかで、工場の場所や仕組みが決まってくる。

レタスなどは、水さいばいでたなを何（なん）段（だん）も積み重ねてさいばいする。病害虫の心配がなく農薬もいらない。季節や天候に関係なく作物が育てられることが㋒特ちょうだ。

1　㋐の、それらとは何を指していますか。四つ書きましょう。（20点）

〔　　　〕〔　　　〕

〔　　　〕〔　　　〕

2　㋑で何ができるのですか。（10点）

〔　　　〕

3　㋒の、特ちょうというのはどんなことですか。二つ書きましょう。（10点）

〔　　　〕

〔　　　〕

植物工場とは、養分をとかした水と光を利用し、温度や空気の管理をした中で野菜などをさいばいするし設です。また、温室内で太陽光とその補助（ほじょ）に人工光を利用した簡易（かんい）植物工場と呼（よ）ばれるものもあります。

植物工場の利点は、天候異常（いじょう）に関係なく、計画的に野菜の生産ができること、農地がいらないこと、植物の病気もないため、無農薬による安全な生産も可能であることなどが挙げられます。問題点は設備費、電気代、燃料代などが高額になることや、さいばい品目（レタスや葉野菜など）が限られることです。

1 光、温度、水分、養分

2 植物のさいばい

3 病害虫の心配がなく、農薬がいらないこと
季節や天候に関係なく作物が育てられること

4 主語・述語を読み取る
ペンギンの体のつくり

月　日

点/40点

㋐ペンギンは、水族館の人気者です。その理由は、あの短い足でのよちよち歩きにある。

ペンギンの祖先は空を飛んでいたようで、そのなごりが手に見える小さなつばさにある。

㋑［　］、足はどのようになっているのだろう。人がしゃがんだ姿勢（しせい）で大き目のセーターをすっぽりかぶった様子を想像しよう。

外から見えるのは頭と足首から先の部分だけになる。

㋒［　］、足を体内で折り曲げて体育すわりのような姿勢になっているのだ。

㋓足が体内にかくれているのは、水中を泳ぎやすくするためなのだ。水深約九十メートルまでもぐれ、時速四十キロメートルの速度で泳げるのだ。

---

1 ㋐の主語、述語をかきましょう。（10点）

主語［　］

述語［　］

2 ㋑にあてはまる接続語を選び、○をつけましょう。（10点）

そして　それから　では

3 ㋒にあてはまる接続語を選び、○をつけましょう。（10点）

つまり　また　そのうえ

4 ㋓は、なぜですか。（10点）

［　］

魚に足はありません。

ほ乳(にゅう)動物のイルカやオットセイなども、足で歩くより泳ぎに適した体形(流線形)に進化しています。

鳥であるペンギンも足は、皮ふの中にかくれていて、泳ぐのに水のていこうが少ない体形になっています。

そのため、陸ではよちよち歩きになり、卵(たまご)を産んだり、ヒナを育てたりするのが大変です。

こたえ

1 ペンギンは
人気者です

2 では

3 つまり

4 水中を泳ぎやすくするため

5 主語・述語を読み取る

マンゴー

月　日

点/40点

プリンなどのデザートで人気のマンゴー。実は卵（たまご）のような形をしていて、果肉は黄色やオレンジ色で味はこってりとあまく、熱帯果実の女王と呼ばれています。原産地はインドから東南アジアにかけてで、四千年もの昔からさいばいされています。

日本では沖縄県、宮崎県、鹿児島県などで作られており、五月から八月が食べごろになります。色あざやかで表面がつるりとして皮に張りがあり、果肉がしまっているものが良いようです。体内でビタミンAに変わるカロテンが多くふくまれる栄養豊富な果物です。

---

1 マンゴーは何と呼ばれていますか。（10点）

[　　　　　　　]

2 マンゴーは、何年前からさいばいされていますか。（10点）

[　　　　]年前

3 日本では、食べごろはいつですか。（10点）

[　　　　]

4 どんな栄養が多くふくまれていますか。（10点）

[　　　　]

マンゴーの木は、高さ四〇メートルにもなる常緑の木です。枝の先に、黄白色の小さな花を群れてさかせます。

この花のにおいにひかれてやってきたハエやハチが、受粉を助けてくれます。

インド・フィリピン・タイ・台湾などが主な生産国で、日本ではビニルハウスさいばいで、ミツバチを使って受粉させています。

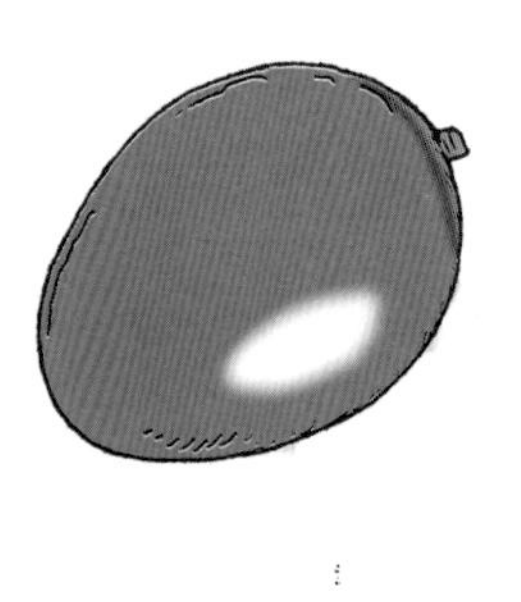

こたえ

1 熱帯果実の女王
2 四〇〇
3 五月から八月
4 カロテン

6 主語・述語を読み取る
古代ハスの生命力

月　日

点/40点

今から七十年前、約二千年前のハスの種が、深い土の中から見つかった。㋐このめずらしい種を大事に育てると、やがて古代のハスの花がみごとにさいた。㋑

そこで、『なぜ、このハスの種は二千年もの間、ねむっていたのか』㋒と、大きな話題になったのだ。

その理由は、『種に発芽の条件が整っていない場合、発芽させずに、ねむらせておくホルモン』がはたらくということだった。

だから、今回のように適度な温度や水分があたえられると、このホルモンのはたらきが弱められ、種が芽を出しはじめるのだ。

---

1 ㋐何が見つかったのですか。（10点）

〔　　　〕

2 ㋑何がさいたのですか（10点）

〔　　　〕

3 ㋒種に何があったからですか。（10点）

4 何と何があたえられると、種は芽を出しますか。（10点）

〔　　　〕〔　　　〕

ハスは、花は古くから仏教のシンボルであり、根は食料（レンコン）として好まれる植物です。

生物はすべて仲間を増やそうとします。多くの植物は周囲にタネをまいて、仲間を増やします。

じつは、タネには命のもとになるしくみや、芽を出すための力のもとがふくまれています。大豆、ゴマ、米など、多くのタネにそのような力のもとがふくまれていて、それが私（わたし）たちの食料にもなっているのです。

1 （約二千年前の）ハスの種

2 古代のハスの花

3 ねむらせておくホルモン

4 適度な温度
水分

7 主語・述語を読み取る

西宮えびす　福男レース

月　日

点/40点

兵庫県の西宮えびす祭りでは「福男レース」が有名です。

言い伝えでは、漁業の神様として西宮に祭られたえびす様が、この地方にいた悪い神様を退治しようというとき、

「みんなは、戸じまりをして、家の中にかくれていなさい。」

とおっしゃって、一月九日の晩、みごとに悪い神様を退治なされたそうです。

それから、一月九日の晩はじっと家にこもり、一月一〇日の夜明けとともに、我先にと競って神社にお参りに行くようになりました。

これが、「福男レース」の始まりです。

---

1 ㋐は何の神様ですか。（10点）

〔　　〕

2 ㋐は一月九日の晩に何をしましたか。（10点）

〔　　　　　　　〕した。

3 ㋑で、言ったのはだれですか。（10点）

〔　　〕

4 ㋒から始まったことは何ですか。（10点）

〔　　〕

えびす祭り

関西（かんさい）では有名な西宮（にしのみや）神社の「十日えびす大祭」。「えべっさん」と呼（よ）ばれ親しまれています。

元は漁業の神様とされていましたが、現在では「商売はんじょう、ささもってこい」と商売の神様となっています。

福男選びのレースもその中の一つの大きな行事となっています。

1 漁業の神様

2 悪い神様を退治した

3 えびす様

4 福男レース

修しょく語を読み取る

おじいさんのランプ①

月　日

点/40点

ランプ売りの巳之助(みのすけ)は、ランプのかたⒶをもって、電灯のよいことはみとめなかった。

ところがまもなく、晩(ばん)になって、だれもマッチ一本すらなかったのに、とつぜんあま酒屋の店が、真昼のように明るくなった。巳之助はびっくりした。あまりに明るいので、巳之助は、思わず後ろをふりむいて見たほどだった。Ⓐ

「巳之さん、これが電気だよ。」

巳之助は歯を食いしばって、Ⓑ長い間電灯を見つめていた。敵(かたき)でもにらんでいるⒸような顔つきであった。あまり見つめていて眼のたまが痛(いた)くなったほどだった。

新美南吉

1　㋐をしたのはなぜですか。（10点）

［　　　　　　　　　　］

2　㋑は、何が何の敵のように思えるのですか。（10点）

［　　］が［　　　］の敵のように

3　次の文でⒶⒷそれぞれの意味にあっているものに○をつけましょう。（20点）

Ⓐ
（　）味方をする
（　）かたを支えてあげる

Ⓑ
（　）歯が痛くて歯を食いしばった
（　）泣きたいときでも歯を食いしばった

〈おじいさんのランプ　あらすじ①〉

この話は、東一（とういち）少年に聞かせる、おじいさんの身の上話から始まります。明治（めいじ）の終わりごろ、いなかの村に巳（み）之助（のすけ）という少年がいました。少年は、村の人々の雑用を引き受け暮（く）らしを立てていました。ある日、たのまれて町に行った巳之助が見たのは、行灯（あんどん）や、ロウソクに比べとても明るいランプでした。帰ったかれは、その後、ランプ売りとなったのです。

　家を建て、家族もできたかれのところへ、今度は、電灯がつくというのです。

（続く）

1 あまりに明かるいから

2 電灯　ランプ

3 Ⓐ 味方をする
Ⓑ 泣きたいときでも歯を食いしばった

9 修しょく語を読み取る
おじいさんのランプ②

月　日

点/40点

「巳之さん、そういっちゃ何だが、とてもランプでたち打ちはできないよ。ちょっと外へ首を出して町通りを見てごらんよ。」

巳之助はむっつりと入り口の障子をあけて、通りをながめた。

どこの家どこの店にも、ここと同じように明るい電灯がともっていた。光は家の中にあまって、道の上にまでこぼれ出ていた。ランプを見なれていた巳之助には、まぶしすぎるほどのあかりだった。

巳之助はくやしさに、かたで息をしながら、これも長い間ながめていた。

新美南吉

1 ㋐の意味は次のどれですか。○をつけましょう。（10点）

（　）刀であらそう　（　）はり合う

2 ㋑のようすを二つ書きましょう。（20点）

［　　　　］

［　　　　］

3 ㋒のようすが動作に表れています。二つ書きましょう。（10点）

［　　　　］

［　　　　］

〈おじいさんのランプ　あらすじ②〉

巳之助（みのすけ）はそれに強く反対しますが、結局電灯はついてしまいます。

　逆うらみをしたかれは、区長の家に火打ちの道具で放火をしようとしますが、いざというときに、古い火打ちの道具は役に立ちませんでした。今やランプも古くさいものだとさとり、家にあるランプを全てこわしてしまいました。

　それから、町に出たかれは本屋となりました。

　「時代の進歩をうらんだり、反発したりしてはいけない」という、おじいさんの言葉でしめくくられています。

1 はり合う

2 ・光は家の中にあまって、道の上までこぼれ出ていた
・まぶしすぎるほどのあかり

3 かたで息をする
長い間ながめていた

すき焼き

月　日

点/40点

すき焼きというなべ料理を知っていますね。㋐名前の由来は、なべの代わりにすき・を使って野鳥やじゅう肉を野外で焼いて食べていたからだとも、肉をすき身（うす切り）にして食べるからだともいわれています。それが明治（めいじ）の文明開化を経て、全国で食べられる日本独特の牛肉のなべ料理になりました。

牛肉のうす切りに、野菜、豆ふ、しらたきなどを加えて、浅い鉄なべでにながら食べます。

関東では、味付けしたタレを用い、関西では、しょうゆ、砂糖（さとう）、みりんや酒で味付けをしながらにていきます。生卵（なまたまご）につけて食べたりもします。

1 ㋐を二つ書きましょう。（20点）

① [　　] を使って焼いたから。

② 肉を [　　　] にしたから。

2 関東と関西のちがいは何ですか。（20点）

関東
〔　　　　〕

関西
〔　　　　〕

牛肉好きのアメリカ人にも人気が高かった『すき焼き』。

故坂本九のヒット曲『上を向いて歩こう』は、アメリカで『すきやき』と呼ばれ、人気チャート一位をとるまでにヒットしました。

すき焼きは日本料理の代名詞のように広まっています。

また、近年では牛なべから作るどんぶり、牛どんがばく発的に売れています。

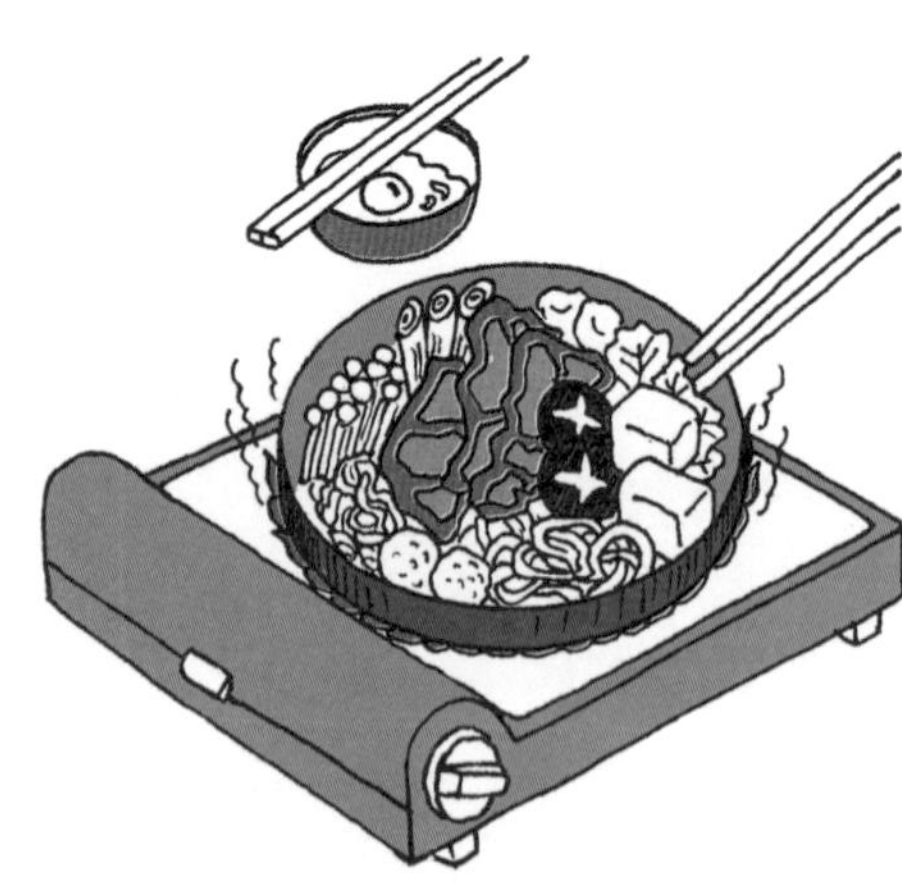
すき焼き・牛なべ

こたえ

1
① すき
② すき身

2
・味付けしたタレを用いる
・しょうゆ、砂糖、みりん、酒で味付けをする

11 修しょく語を読み取る
食料危機とこん虫食

月　日

点/40点

地球上の人口の増加で、近い将来（しょうらい）、大変な食料不足が起きると心配されている。㋐
その対策（たいさく）の一つに、「こん虫食」が挙げられている。
世界中に、昔から「こん虫食」はある。㋑
スペインの石器時代の遺（い）せきには、ハチミツを採る女性の絵が残っている。
アジアやアフリカでは、セミ、バッタなど、多くのこん虫が食料にされている。
日本には、イナゴやハチの幼虫（ようちゅう）、さなぎなどを食べる習慣が残っている。ミツバチのミツやローヤルゼリーなどは高級食材である。
こん虫には、エビやカニ、魚に負けないくらい、たんぱく質やミネラルが多くふくまれている。その上、味もおいしいのだ。

1 ㋐は、なぜですか。(10点)

［　　　　］

2 ㋑がわかる例を、文中から探（さが）して書きましょう。(10点)

［　　　　］の絵

3 日本には、どんなこん虫食がありますか。(10点)

［　　　　］を食べる。

4 こん虫食の良さを二つ書きましょう。(10点)

［　　　　］

［　　　　］

近い将来（しょうらい）、世界的な食料不足が起きると心配されている。

世界の人口は、現在約七十九億人。二〇五〇年には約九十七億人に増えると予想されている。

そのうえ、このまま温暖化（おんだんか）が進めば、海面が今より高くなり、陸地が減る。砂（さ）ばく化が進み農地が減少するなど、これからの食料不足を示す材料が多くある。

1 地球上の人口の増加

2 ハチミツを採る女性

3 イナゴやハチの幼虫、さなぎ

4
・たんぱく質やミネラルが多くふくまれている。
・味もおいしい

修しょく語を読み取る ゴリラ

月　日

点/40点

ゴリラは、チンパンジーとともにとても知能が高い類人えん（人に近いサルの仲間）として興味が持たれています。ふつう十数頭の仲間ですみ、セロリ、タケノコ、シダなどの植物を主食とし、果実やこん虫をも食べる雑食性です。

ふだん、もの静かでわりとおく病な性質ですが、きん張したとき、遠くまでひびかせるように両手で胸（むね）をたたくドラミングをします。

また、かれらは知能が高くて神経質で、こわがりなので、㋐敵（てき）が現れたときにも激（はげ）しくドラミングをしたり、大声を出したりして相手をおどろかせます。

1 ゴリラはどんな動物として興味が持たれていますか。（10点）

2 ふだん、どんな性質ですか。（10点）

3 どんなとき、ドラミングをしますか。二つ書きましょう。（10点）

とき

とき

4 なぜ㋐のようにするのですか。（10点）

ゴリラはチンパンジーとともに、類人えんと呼ばれ、知能がとても高い動物です。

群れの間では、いろいろな音声を使ったコミュニケーションを行ったり、食事のときに鼻歌のような声を出したりします。

海外の動物園では、ゴリラのオリに落ちた人間の子どもをメスのゴリラがだきかかえて助けた、という話もあります。

自分からこうげきをしかけることはほとんどありません。敵(てき)に立ち向かうときには二足で立ち上がり、両手で胸(むね)をたたくドラミングという行動をします。

こたえ

1 知能が高い類人えん

2 もの静かでおく病

3 きん張した
敵が現れた

4 知能が高くて神経質で、こわがりだから

13 修しょく語を読み取る
南極観測船「しらせ」

月　日

点/40点

南極観測船「しらせ」は、日本と南極の昭和基地とを、人や資材を積んで往復する船だ。

「しらせ」の名は、明治のぼう険家「白瀬のぶ」さんの名をあてたものである。

㋐白瀬さんは、明治のまだ十分な機材や用具のない時代に、北は千島列島から北極を目指し、南は南極にまで探検したぼう険家だ。

㋑南極観測船「しらせ」の航海は、大変厳しいものだ。南極周辺は海氷の厚いところも多い。そこでは、一度バックさせた船を勢いづけて前進させ、体当たりで氷を割って進むのだ。

現在では、衛星からのデータで進路を選べる。しかし昔は、厚い氷に閉ざされて、㋒外国船に救助されたこともあったのだ。

---

1 南極観測船「しらせ」は、どんな船ですか。（10点）

日本と〔　　〕とを〔　　〕を積んで往復する船。

2 ㋐の職業は何ですか。（10点）

〔　　〕

3 ㋑は、どのように進みますか（10点）

〔　　〕で〔　　〕進む。

4 ㋒は、どうしてそうなったのですか。（10点）

〔　　〕

南極観測船「しらせ」は、砕氷船（さいひょうせん）とも呼（よ）ばれる氷を割（わ）って進む特別な構造の船だ。

南極で一年余りを過ごす越冬隊員（えっとうたいいん）と、生活に必要な物資（食りょうや燃料）運ぶ。

海氷が厚いところでは一度船をバックさせ、勢いをつけて前進し、体当たりをくり返す。このような航海では、燃料は通常の何倍も使う。あまりにも海氷が厚すぎて割ることができず、船が前進不能になってしまうこともあったのだ。

1 南極の昭和基地
人や資材

2 ぼう険家

3 体当たり
氷を割って

4 厚い氷に閉ざされたから

14 修しょく語を読み取る
リニア新幹線

月　日

点/40点

リニア中央新幹線は、東京都（とうきょうと）の品川（しながわ）駅と愛知県（あいちけん）の名古屋（なごや）駅間で開業の予定です。

今の新幹線のぞみ号の時速が二百七十キロに対して、リニア新幹線は約二倍近くの時速五百キロで走ります。これまでの鉄道は二本のレールの上を走っていますが、リニア新幹線はレールがなくて、ちょう電導（でんどう）という強力な磁力（じりょく）によって十センチほどうき上がって走るのです。「走る」と言うよりも「飛ぶ」に近いでしょうか。駅を出てしばらくは車輪を使い、時速百四十キロくらいから車体がうきます。東京～名古屋間を約四十分で結ぶ予定です。

---

1 リニア中央新幹線は、何駅から何駅までの間で開業の予定ですか。（10点）

［　　　］から［　　　］

2 リニア新幹線はレールがなくて、磁力でどのように走るのですか。（10点）

［　　　］って走る。

3 どれくらいの速度になれば、車体がうきますか。（10点）

［　　　］

4 東京～名古屋間を、何分で結ぶ予定ですか。（10点）

［　　　］

リニア新幹線は、ちょう電導リニア方式で建設されます。しかし、課題もたくさん指てきされています。

・大変高額な費用。
・大規模なトンネル工事。
・強力磁石利用による人体への悪えいきょう。

などです。

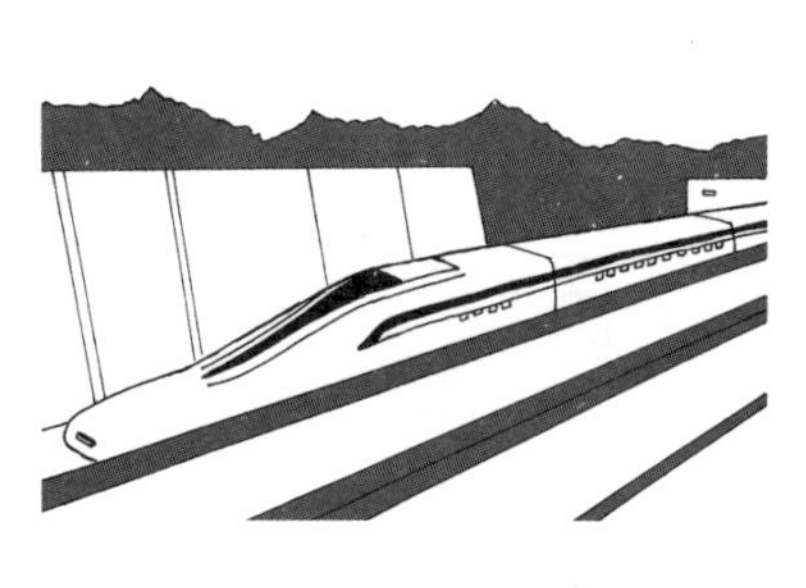

1 品川駅　名古屋
2 十センチほどうき上がる
3 時速百四十キロ
4 約四十分

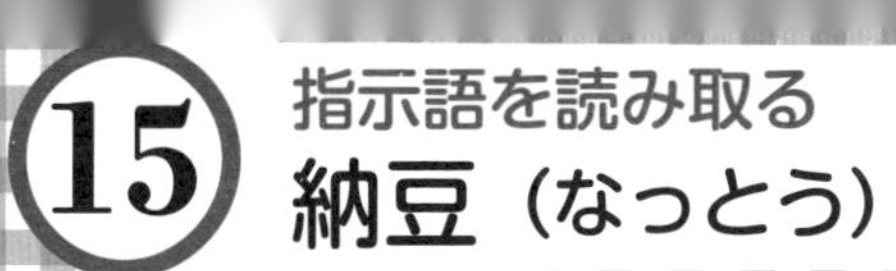

月　日

点/40点

日本の伝統食、納豆（なっとう）。

独特の風味とネバネバから㋐好ききらいが分かれる食べ物だが、好みに応じて一品食材を加えることで、においやねばりが減ったり、うまみが増したりするものだ。

㋑その食材の一番は、ネギ。においを和らげ、ビタミンA、Cを補（おぎな）ってくれる。二番は、からし。タレとともに付いていることも多い。

㋒これらは、昔からの食材である。

納豆はふたを開けるとすぐに食べられ、栄養に富む、㋓現代人の暮らしに合う手軽な食品だ。

---

1 ㋐はなぜですか。（10点）

［　　　］と［　　　］があるから。

2 ㋑は何を指していますか。（10点）

［　　　］

3 ㋒とは何ですか。（10点）

［　　　］［　　　］

4 ㋓とは、どんなところを指しますか。（10点）

［　　　］

［　　　］

むした大豆をワラで包み四〇度くらいに保温して、一～二日おくと糸引き納豆（なっとう）ができます。

関東から東北地方にかけて郷土（きょうど）料理として親しまれてきました。

歴史は古く、平安（へいあん）時代半ばより、書物に出てきます。

最近では、殺きん効果をはじめ、血液をさらさらにする作用など、たくさんの効用が認（みと）められる健康食品です。

現在では、発ぽうスチロールの中で納豆きんを人工的に加え、大量生産しています。

ワラで包み、発こうさせた納豆もあります。

こたえ

1 独特の風味、ネバネバ
2 加える食材
3 ネギ、からし
4 すぐ食べられる
栄養に富む

16 指示語を読み取る
日食

月　日

点/40点

丸い太陽がとつ然欠け始める㋐日食は、太陽の前を月が横切ってかくすために起きる現象だ。

月が小さく見えるときは、太陽がリング状に見える金かん日食。

月が大きく見えるときは太陽がすべてかくれるかいき日食になる。㋑このとき、地表では真っ暗やみになる。

では、なぜこのようなことが起こるのか。

実は太陽の直径は、月の約四百倍で、地球から太陽までのきょりは月までのきょりの四百倍とほぼ同じで、直径ときょりの比が同じなのである。

㋒このぐう然のいっちがこのような日食の起きる秘密(ひみつ)なのだ。

---

1 ㋐は、どのようにして起きますか。（10点）

［　　］の前を［　］が横切って［　　　］ために起きる現象。

2 日食の種類を答えましょう。（10点）

［　　　］

［　　　］

3 ㋑とは、どんなときですか。（10点）

［　　　］

4 ㋒は、何と何が同じですか。（10点）

［　　］と［　　］の比が

同じというぐう然のいっち

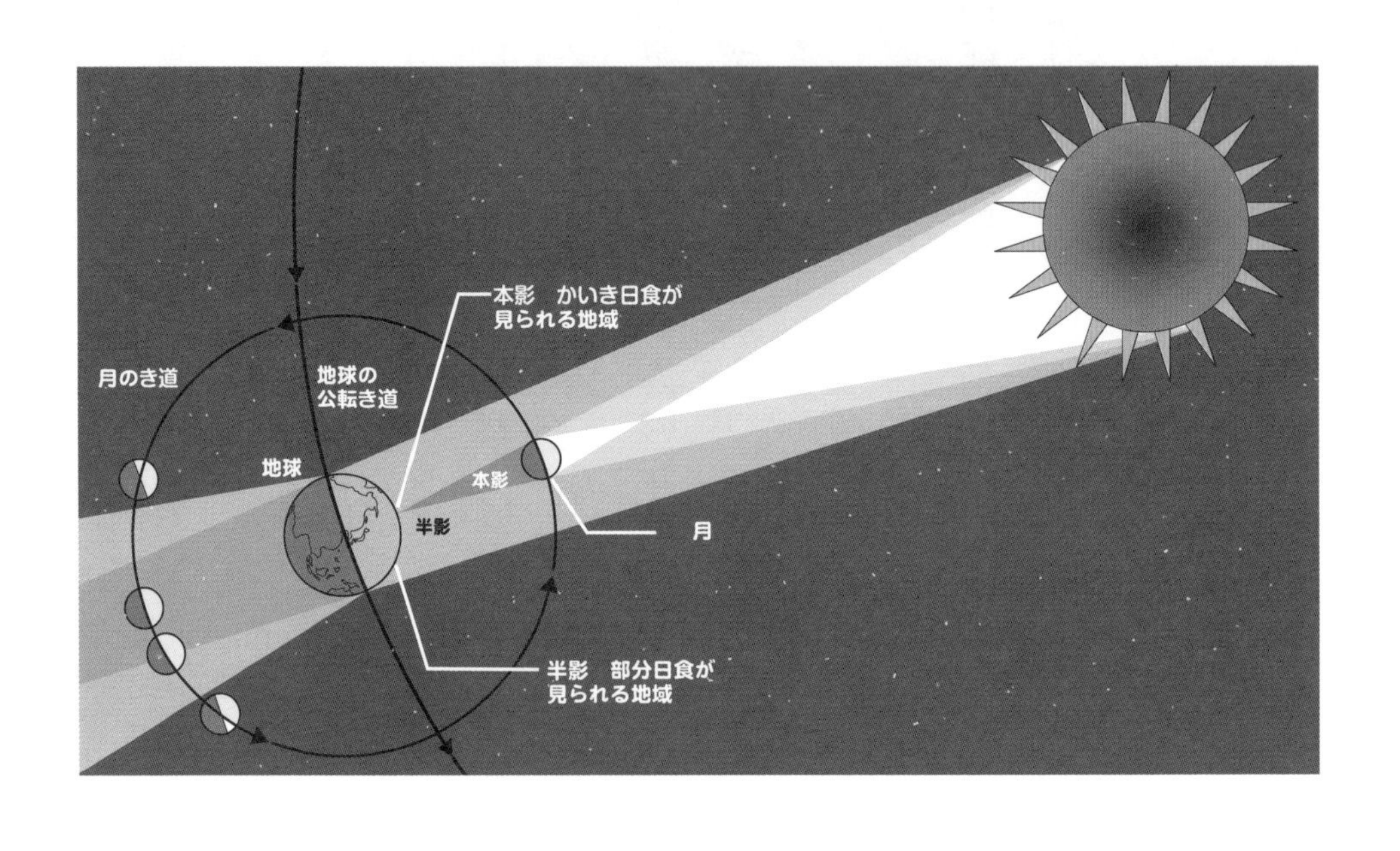

月の影には本影と半影があり、本影に私たちがいると太陽全体がかくれ（かいき日食）、半影にいると一部がかくれる（部分日食）ようになります。

こたえ

1 太陽、月、かくす
2 金かん日食、かいき日食
3 かいき日食のとき
4 直径、きょり

17 指示語を読み取る
バレンタインデー

月　日

点/40点

㋐バレンタインは、約千八百年前に実在したイタリアのキリスト教の司祭の名に由来する。

当時、皇帝(こうてい)は、兵士たちの結こんを禁じていた。

それに反対したバレンタイン司祭は、多くの兵士たちを結こんさせた。

㋑これを知った皇帝はいかり、二月十四日に、かれを処(しょ)けいしてしまう。かれを尊敬(そんけい)していた多くの市民はその日をおいのりの日にした。その後、若(わか)いこい人たちの願いをかなえたバレンタイン司祭にちなんで、㋒［　　］は、愛の記念日として広まったのだ。

ヨーロッパやアメリカでは、今でもその日に、愛や感謝をこめたカードを、花束やスイーツにそえて㋓おくっている。

---

1 ㋐は、何ですか。五文字で書きましょう。（10点）

［　　　　　］

2 ㋑は、何を指していますか。（10点）

［　　　　　］

3 ㋒に入る日付を書きましょう。（10点）

［　　　　　］

4 ㋓は、何をおくっていますか。（10点）

［　　　　　］

日本のバレンタインデーは、昭和（しょうわ）の初めに、洋菓子（ようがし）会社がチョコレートを売るために「女性から男性へチョコをおくる日」と宣伝（せんでん）したからだと言われています。

それが日本の女性の心をとらえて、今日のような大人から子どもまでがチョコをおくる一大行事になっています。そのうえ、いつの間にか、そのお返しの日として、三月十四日のホワイトデーまでできています。

1 司祭の名前

2 兵士たちを結こんさせた

3 二月十四日

4 愛や感謝をこめたカード

18 指示語を読み取る
しんりょう船「済生丸」

月　日

点/40点

「済生丸（さいせいまる）」とは、瀬戸内（せとうち）の島々をめぐり、多くの島民の健康を守ってきた㋐じゅん回しんりょう船の名前だ。

済生丸は、各島の港を基地にして十日ほどかけ、近くの島々をまわり、島民をしんりょうする。

瀬戸内海（せとないかい）をわたる大橋もできたが、り島も多く、島民の声で船の存続（そんぞく）が決まった。

今まで約八十万キロメートルを航海し、しんりょうした人は約六十万人をこえる。

㋑しんりょうは、ガンの早期発見や生活習慣病の予防から、病気やけが人のちりょうにもあたる。

現在のしんりょう船は四代目で済生丸「一〇〇」と名付けられ、車いすの人と㋒その世話をする人が乗れるエレベーターも備えられている。

---

1 ㋐の名前は何ですか。（10点）

〔　　　　〕

2 ㋐は、何をしますか。（10点）

〔　　　　〕まわり

〔　　　　〕する。

3 ㋑の内容を表すところに線（――）をひきましょう。（10点）

4 ㋒だれの世話をしますか。（10点）

〔　　　　〕

済生丸は、一九六二年から岡山県・広島県・香川県・愛媛県の四県の島々を医師や看護師や検査技師を乗せて航海しています。

そして、港を基地に、一〇日ほど近くの島々を回り島民をしんりょうして、また、次の港へと移動します。

阪神大震災では、医師や物資を神戸市に届けたりもしました。今後、地震などの災害があれば救えんに出かける計画にもなっているといいます。

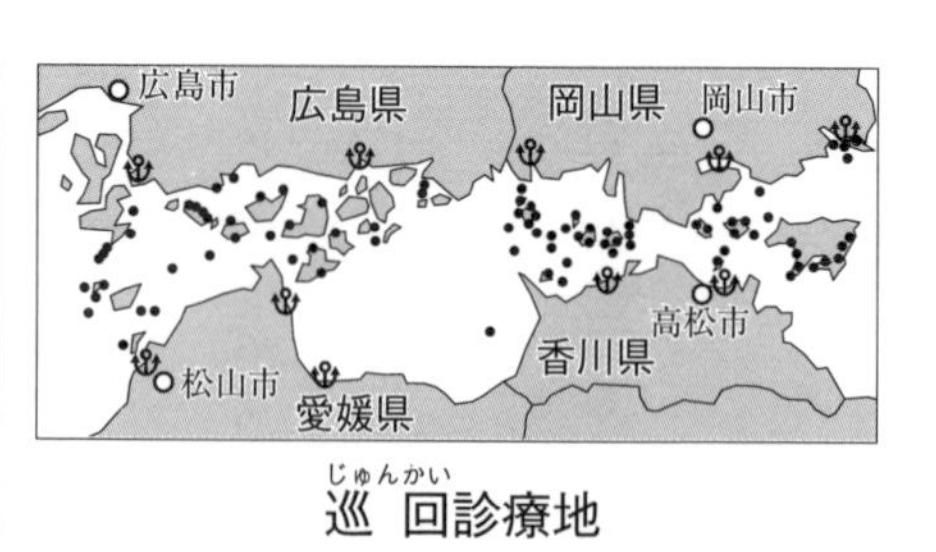

巡回診療地

こたえ

1 済生丸（さい生丸）

2 近くの島々を島民をしんりょう

3 ガンの早期発見～けが人のちりょう

4 車いすの人

19 指示語を読み取る
鳴門のうず潮

月　日

点/40点

兵庫県淡路島と徳島県の間にある鳴門海きょうは、うず潮で有名だ。

太平洋側が引き潮のとき、瀬戸内側が満ち潮で、瀬戸内側から太平洋側へと海水の流れが起きる。海面の落差が一・五メートルにもなるからだ。㋐その反対の流れも起きる。

㋑その海水の流れが、はば一・四キロメートルとせまい鳴門海きょうを通過する。そのとき、中央部の海水の流れは速くなり、岸近くはおそくなるので、大きな差が起きる。㋒［　　］が激しいうずを作るのだ。

このうず潮を見るための観潮船も出ていて、春には、カメラを手にした観光客も増える。

---

1 うず潮が有名なのはどこですか。（10点）

［　　　　］

2 ㋐はどのようになりますか。（10点）

［　　　　］側から［　　　　］側に

海水が流れる

3 ㋑は、次の場所でどうなりますか。（10点）

中央部［　　　　］

岸近く［　　　　］

4 ㋒に入る言葉を選び○をつけましょう。（10点）

それ　あれ　どれ

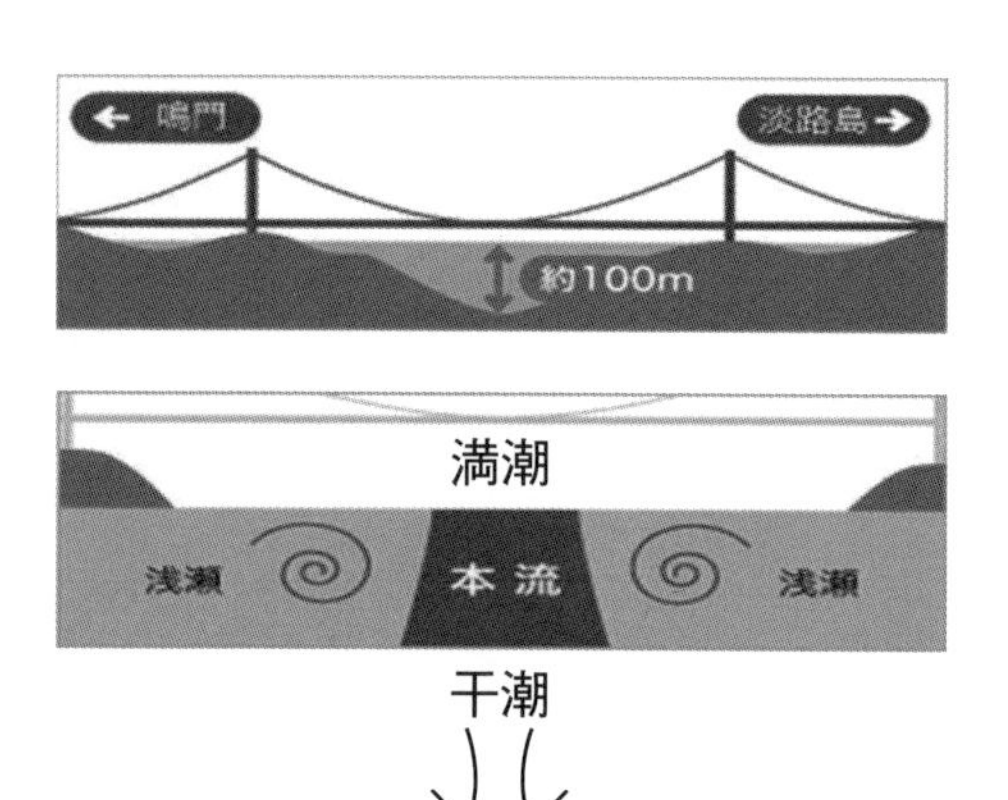

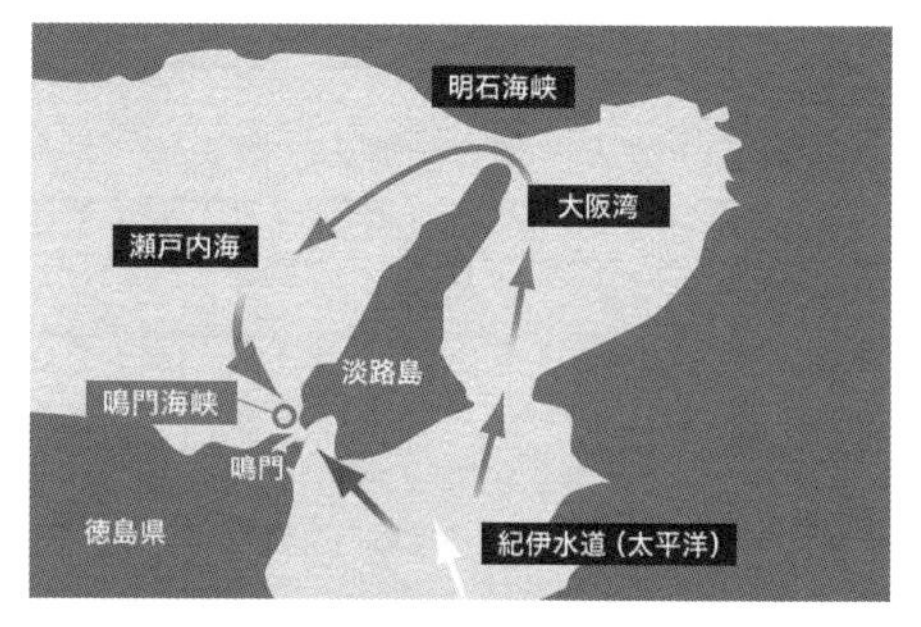

（鳴門観光汽船株式会社ホームページより）

こたえ

1. 鳴門海きょう
2. 太平洋　瀬戸内（せとうち）
3. 速くなる　おそくなる
4. それ

有馬「太閤の湯殿館」

月　日

点/40点

日本には、各地に温泉がある。

温泉の歴史は古く「古事記」「日本書紀」などにもでている。

「いよの湯（愛媛県）」「むろの湯（和歌山県）」「ありまの湯（兵庫県）」が㋐日本三大古湯とされている。

武田信玄や上杉謙信など戦国武将の多くも温泉の効き目をよく知っており、利用していたようだ。

有馬温泉では、一九九六年の発くつ調査により、温泉好きの豊臣秀吉がつくらせたむしぶろや、岩ぶろのあとが㋒発見された。いせきからは軽石や茶器なども出ている。「神戸市立太閤の湯殿館」ではそれらを公開している。

(㋑ [　　]、)

---

1 ㋐の名を書きましょう。（15点）

〔　　　〕の湯

〔　　　〕の湯

〔　　　〕の湯

2 ㋑にあてはまる接続語を選び○をつけましょう。（10点）

しかし　だから　また　つまり

3 ㋒は、どこで何が発見されましたか。（15点）

どこ〔　　　〕

何〔　　　〕、〔　　　〕

〈武将と温泉〉

下呂温泉（岐阜県下呂市）

一五七八年春、飛騨をほぼ制した織田信長は、下呂温泉に湯治に出かけたという。戦いの連続だった信長にとって、安らぎの時間だったのだろう。

下部温泉（山梨県身延町）

武田信玄の父・信虎の代から「かくし湯」として知られている。川中島の合戦後、信玄や配下の者は、温泉につかってひ労回復に努めたといわれている。

伊香保温泉（群馬県渋川市）

信玄の子、勝頼は一五七五年の長篠合戦後、兵士らの傷をいやすため、伊香保温泉を整備させたという。

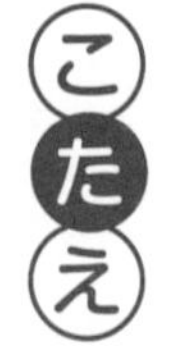

1 いよ むろ ありま

2 また

3 有馬温泉 むしぶろ 岩ぶろ

21 具体的事実を読み取る
みそ造り

月　日

点/40点

「みそ」㋐は、みそしるをはじめ、みそにこみうどんや、みそカツなどいろいろな日本料理に使われる栄養食品です。

とても身近なみそですが、江戸（えど）～明治（めいじ）ごろは、家庭で作っていたものです。多くの農家では、大豆の取り入れが終わる秋から冬にかけて、㋑みそ造りをはじめます。まず、大きななべでにた大豆をすりつぶし、一〇センチ大のみそ玉にします。それをワラでしばってふり分けにし、みそ蔵（ぐら）の天じょうからつるしておきます。こうしてかんそうさせ、自然にカビがきたものを、春にみそだるにしこむのです。そして、一年くらいねかせた後、食品となります。

---

1 ㋐は、どんな料理に使われていますか。（15点）

〔　　　〕〔　　　〕〔　　　〕

2 ㋑の手順を番号で書きましょう。（25点）

（　）かんそうさせ、カビができたものをたるにしこむ

（　）にた大豆をすりつぶす

（　）ふり分けにして天じょうにつるす

（　）一〇センチ大のみそ玉にする

（　）一年後できあがる

みそ造りには、よく水を吸う大つぶの良質な大豆が必要です。

昔は、みそ蔵に自然に存在するこうじカビがみそ玉に付くのを待つ必要がありましたが、最近のみそ造りは、売られているこうじを使います。

〈みそのつくり方〉

① 大豆をよく洗って、三倍ほどの水に一日くらいひたします。

② よくにた大豆と、こうじと、塩を混ぜ、団子状にして、空気がふれないようにして、たるなどに入れます。

③ 約十カ月〜一年の間ねかせておきます。

みそ玉をワラにつつんでみそ蔵につるした。

こたえ

1 みそしる
みそにこみうどん
みそカツ

2 4、1、3、2、5

具体的事実を読み取る

ワサビ

月　日

点/40点

ワサビと聞けば、あのツンと鼻にくるしげきの強いから味を思い出すでしょう。

ワサビは菜の花の仲間の多年草で、野生のものは山間部の水のきれいなところにはえています。

記録によると、今から千年もの昔から薬として使われており、多くの人がすしや、そばのつゆの薬味として口にするようになったのは、室町(むろまち)〜江戸(えど)時代のようです。

現在では、静岡県(しずおかけん)の伊豆(いず)半島、富士山(ふじさん)周辺、長野県(ながのけん)あたりのすずしく、水のきれいな山間部でたくさん生産されています。

---

1 ワサビはどんな味ですか。（10点）

［　　　　］

2 ワサビは何の仲間で、どこにはえていますか。（10点）

［　　　　］の仲間

［　　　　］

3 いつごろから、何に使われていましたか。（20点）

［　　　　］から

［　　　　］として

ワサビは日本固有の植物で奈良時代くらいから主に薬として使われていたようです。現在では生ワサビとしてすりおろしてすしやさしみと合わせて食べたり、ワサビづけにしたり、広く食べられています。

また、ワサビはO-157など食中毒の予防にもなり健康食品としても有望です。ワサビづけは徳川家康が広めたとされ、静岡県の名産品で静岡県のワサビ生産高は日本第二位となっています。

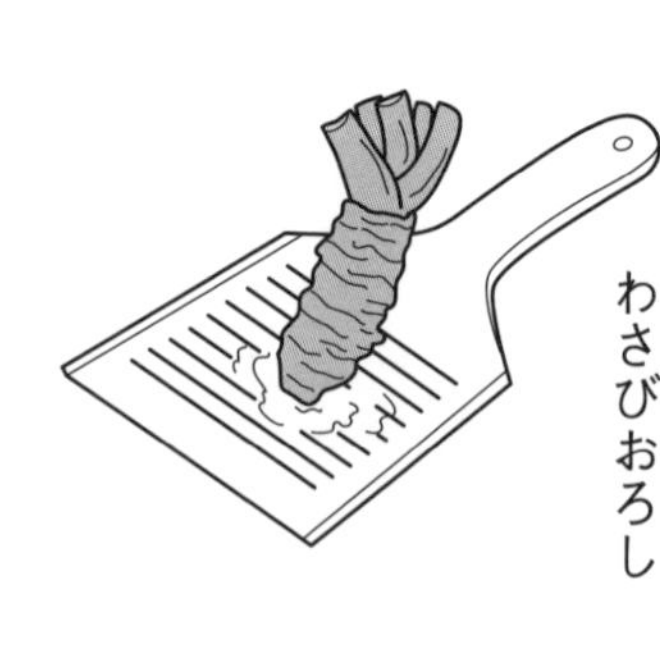

わさびおろし

こたえ

1 しげきの強いから味

2 菜の花

山間部の水のきれいなところ

3 今から千年もの昔

薬

23 具体的事実を読み取る

木で未来を作ろう

月　日

点/40点

最近「木で、未来を作ろう」という話し合いがよく開かれています。

日本は国土の七割を豊かな森林におおわれています。そして、私たちは長らく、その自然と共存してきました。しかし、ここ二十数年は、安い輸入材におされて、国産の木材利用は約三割にとどまります。

ところが最近、木材の利点が見直されて、先進国では新技術による木造の高層建築物も建てられるようになりました。また、木材による発電も注目されています。

日本でも森林資源の活用により、中山間地での林業がなりたてば地域の活性化も進むと期待されています。

---

1 日本の国土のどれくらいが森林におおわれていますか。（10点）

[　　]

2 近年の国産の木材利用はどれくらいになっていますか。（10点）

[　　　]

3 最近、先進国では木材を何に使うようになりましたか。二つ書きましょう。（10点）

[　　　]と[　　　]

4 森林資源の活用により、何が進みますか。（10点）

[　　　]

日本には、使いやすくて成長が良いスギなどの人工林がたくさんあります。

これらをうまく活用すれば、次々と新しく人工林を植えかえることができるのです。

法隆寺（現存する世界最古の木造建築）

1 七割

2 約三割

3 高層建築物
発電

4 地域の活性化

24 具体的事実を読み取る
「白衣の天使」ナイチンゲール

月　日

点/40点

㋐一八五四年、イギリスとロシアの間で戦争が起きた。戦地にはけが人や病人が多くいると聞いたナイチンゲールは、看護師を集めてかけつけた。

㋑やはり、そこはとてもひどいもので、病人やけが人がゆかにころがされていたのだ。かの女たちは、昼夜問わずけが人に包帯を巻いた。

㋒また、台所にはねずみが走り回り、トイレもよごれたままで、病気が広がるのも当たり前だった。かの女は、まず病院をきれいにした。それから栄養のある食事を病人やけが人にあたえた。

㋓敵、味方を問わず、多くの兵士を救ったかの女は、「白衣の天使」と呼ばれるようになったのである。

1　㋐で、どこへかけつけましたか。（10点）

〔　　〕

2　㋑で、したことは何ですか。（10点）

〔　　〕

3　㋒で、まずしたことは何ですか。（10点）

〔　　〕

4　㋓で、何とよばれるようになりましたか。（10点）

〔　　〕

ナイチンゲールは、イギリスのゆう福（ふく）な家庭で生まれた。幼（おさな）いころから外国語をはじめ、十分な教育をうけた。そして、かの女は貧しい農民の生活を見て、人々につくす仕事がしたいと考えるようになる。

成長したナイチンゲールは、看護師として病院で働こうとするが、家族に反対されてしまう。しかし、あきらめず、父親の理解を得てロンドンの病院で働くことができた。ただし、給料は無給だった。

クリミア戦争後にイギリスにもどってからは、看護師を育てる学校「ナイチンゲール看護学校」をつくったのである。

1 戦地

2 けが人に包帯を巻いた。

3 病院をきれいにした。

4 白衣の天使

25 具体的事実を読み取る

小型地熱発電「温泉発電」

月　日　　点/40点

最近では㋐自然エネルギーの活用が盛（さか）んにいわれています。開発などで、自然をこわさないためです。その中の一つ、日本で開発された小型㋑地熱発電をみてみましょう。

地下にある熱を利用して電気を作る地熱発電はこれまでも日本の各地で行われていました。ただ開発に大きなし設が必要でお金もかかり、かん境へのえいきょうもはっきりしませんでした。ところが、熱湯が出る温泉地（おんせんち）では、水を加えて温度を下げて使っていることがわかり、その熱湯を生かす発電ができないかと取り組まれました。そうしてできたのが㋒温泉発電です。これまでの設備が生かせて、㋓自然にもやさしいものです。

---

1 ㋐は、何のために、そのようにいわれるのですか。（10点）

［　　　　　　］ため

2 ㋑は、何を利用して電気を作りますか。（10点）

［　　　　　　］を利用する

3 ㋒は、温泉地の何を生かすのですか。（10点）

［　　］

4 ㋓とは、文中のどの言葉におきかえられますか。（10点）

［　　　］への［　　　　　］がないこと。

〈温泉発電〉

人家の近くで、わき出る熱湯を利用して発電ができるので、大変注目されています。

問題点もいくつかありますが、あちこちで実験が続けられています。

早く日本各地で、みんなが利用できるようになればよいと思います。

1 自然をこわさない

2 地下にある熱

3 熱湯

4 かん境、えいきょう

具体的事実を読み取る

26 長篠の戦い「三段構え」

月　日

点/40点

戦国の時代、武田軍と徳川・織田軍は、長篠城で戦った。

武田軍は、わずか五百の兵で守る長篠城の徳川軍を一万五千の兵で取り囲んだ。そこで徳川家康は織田信長にえん軍を求め、徳川・織田軍三万八千対武田軍一万四千が、設楽が原でにらみ合うことになったのだ。

戦いは早朝、㋐武田き馬軍はとつげきした。しかし、家康たちは、防馬さくの向こうで鉄ぽうを向けて待ち構えていたのだった。㋑三列に並んだ鉄ぽう隊が、交代でうち始めた。一列目がうつと次は二列目、三列目と前に出て、連続して鉄ぽうが打てる三段構えだ。これにより武田軍は大敗してしまった。

1　まず、武田軍はだれをどうしましたか。（10点）

だれ〔　　　　〕を

どうした〔　　　　〕

2　㋐のとき、相手は、どうしていましたか。（20点）

〔　　　　〕は、〔　　　　〕の向こうで〔　　　　〕を向けて〔　　　　〕いた。

3　㋑のうち方を何と呼びますか。（10点）

〔　　　　〕

織田信長は、外国の戦い方を勉強し、鉄ぽうや防馬さくや土るい（土を盛ってつくったつつみ）が戦いに有効であると知っていた。

そこで信長は、鉄ぽう隊と防馬さくを用意して武田軍を待ち構えていたのだった。

1 徳川軍
（一万五千の兵で）取り囲んだ

2 徳川・織田軍（家康たち）
防馬さく
鉄ぽう
待ち構えて

3 三段構え

理由を読み取る

シーラカンス

月　日

点/40点

「生きた化石」と呼ばれる㋐シーラカンス。約四億年の昔に栄えていた魚類だ。六五〇〇万年前に絶めつしたとされていたが、一九三八年、南アフリカの漁港でとらえられた。それは、固いうろこにおおわれ、足のようなひれを持つきみょうな魚だった。ヒレは、筋肉質で太く、しっかりとした骨格を持っていた。

四本足を持つ陸上動物は、こうした魚類から進化したとされている。南アフリカやインドネシア近海の水深約二〇〇メートルくらいの深海にすむ、現在のシーラカンスは敵もいないことから進化がなく、数億年もそのままの姿で生きながらえてきたと考えられる。

1 ㋐を主語にして文を書きかえましょう。（10点）

シーラカンスは

［　　　　］

2 シーラカンスはどのような魚ですか。（10点）

［　　　　］、［　　　　］を持つきみょうな魚

3 シーラカンスが生きた化石と呼ばれるのはなぜですか。（二〇字）（20点）

［　　　　］から

約四億年の昔、古生代（こせいだい）デボン紀には魚類がいちじるしく進化をとげ、シーラカンスや肺魚（はいぎょ）といった魚がたくさんいました。地球にオゾン層（そう）ができて、生物が上陸を始めた時代です。

肺魚のように不完全ではあるが肺を持つものから、やがてイモリやカエルなどの両生類が出現し、上陸するようになりました。

現在のシーラカンスは、深海にすみ魚やイカなどを食べているようです。大きなものは三メートルにもなります。

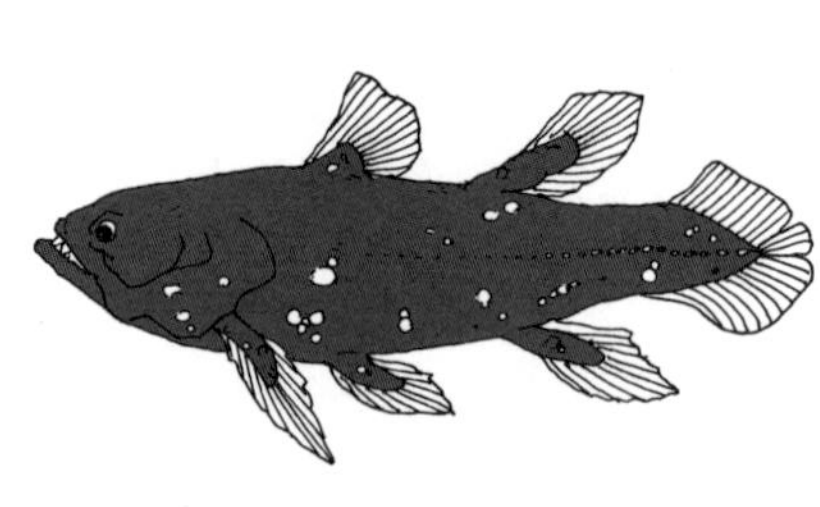
シーラカンス

こたえ

1 シーラカンスは「生きた化石」と呼ばれる

2 固いうろこにおおわれ足のようなひれ

3 数億年もそのままの姿で生きながらえてきた

28 理由を読み取る

スノーモンキー

月　日

点/40点

東北地方にすむニホンザルは、㋐海外ではスノーモンキーと呼ばれてとても人気があります。

雪の中で温泉につかる、たき火にあたるなどの写真で有名になりました。

㋑このサルはもとはしっぽが長いオナガザルの仲間ですが、寒い日本に長くくらしているうちに、㋒体温がうばわれないようにしっぽが短くなったと考えられています。

ニホンザルは木の実やいもなど、ヒトと同じようにいろいろなものを食べます。新芽やこん虫、木の実、厳しい冬は、草の根や木の皮も食べます。海辺のサルは魚や貝、海そうも食べています。

サルは指先が発達していて、細かい物をつまんだり、皮をむいたりもします。

---

1 ㋐は、何が発達していますか。（10点）

〔　　　　〕

2 ㋐の人気の理由は何ですか。二つ書きましょう。（10点）

〔　　　　〕

〔　　　　〕

3 ㋑の名前は、何ですか。（10点）

〔　　　　〕

4 ㋒の理由を書きましょう。（10点）

〔　　　　〕

東北地方に住むニホンザルは、海外ではスノーモンキーと呼ばれることも多い。

スノーは「雪」、つまり雪の中に住むサルということである。このほか、たき火にあたったり、温泉につかったりしていることが、興味の的になっている。

こたえ

1 指先
2 雪の中で温泉につかる
たき火にあたる
3 ニホンザル
4 寒さで体温がうばわれないように

理由を読み取る

入道雲とヒョウ

月　日

点/40点

㋐入道雲はかみなり雲とも呼(よ)ばれ、夏の晴れた日によく見られます。

日光により㋑水蒸気(すいじょうき)をふくむ空気があたためられ、上空までふきあげられます。

そして、上空で冷やされた水蒸気は水つぶになり、雨となってふり出します。さらに上空で冷やされた水のつぶは、氷のつぶとなり、ヒョウとしてふってきます。

この氷のつぶの激(はげ)しいぶつかりあいで電気がおこります。

雲の中にたくさんたまった電気は、やがて、㋒かみなりとなって、激しい光と音を出します。地上にまで流れることもあります。これが落(らく)らいです。

だから入道雲は、かみなり雲と呼ばれるのです。

1 ㋐は、何と呼ばれますか。（5点）

〔　　　　〕

2 ㋑何がふき上げられますか。（10点）

〔　　　　〕

3 何が雨になりますか。（10点）

〔　　　　〕

4 ヒョウとは何ですか。（5点）

上空で〔　　　　〕

5 ㋒は、何ですか。（10点）

[　　] にたまった [　　] のこと。

積乱雲（入道雲）は、地上十〜十二キロメートルの高さまで発達する雲である。多くが氷のつぶでできているため、雲の上部は日光をよく反射して明るく見える。反対に、背の高い雲であるために雲の下は非常に暗い。

雲の下では、激しい雨、ときにはヒョウが降ることもある。積乱雲は、短時間で大量の雨を降らせる。さらに、積乱雲が線状降水帯となると、集中ごう雨が起こる。また積乱雲は対流が激しく、雲の周辺では冷たいとっ風がふくこともある。

さらに、雲の中の氷のつぶがぶつかり合い、静電気がおこり雲の内に電気が流れる。これがかみなりであり、この電気が地上に向かうことを落らいと呼ぶ。

1 かみなり雲

2 水蒸気をふくむ空気

3 冷やされた水蒸気

4 冷やされた
氷のつぶ

5 雲の中
電気

30 理由を読み取る

ネコと人間の歴史

月　日

点/40点

リビアヤマネコは、約九千五百年前、人間と接し始めたネコといわれている。

その後、農耕文化が進んだエジプトで、㋐大切な穀物（こくもつ）をネズミから守る動物として、ネコが神とあがめられていたという。

中世（五〜十五世紀ごろ）ヨーロッパでは、㋑「まじょの手先」とされたネコが大量に殺された。しかしペストきんを運ぶネズミが町中に増えたことから、再びネコが大切にされたのだ。

日本では、ネコは約二千年前、穀物を守る動物として、外国から入ってきた。平安時代には書物にも登場している。

今ではペット愛好家に、ネコ派（は）、イヌ派といわれるほど、多くの人に愛されている。

---

1 人間と接し始めたネコは、何といいますか。（10点）

〔　　〕

2 ㋐は、どんな動物だからですか。（10点）

〔　　〕動物

3 ㋑の後、どうなりましたか。（10点）

〔　　〕

4 日本に、いつネコが入ってきましたか。（10点）

〔　　〕

リビアヤマネコは、約九千五百年前、人間と接し始めたネコといわれている。

農耕文化が進んで、人間が穀物をたくわえるとそれをねらってネズミが集まってくる。そのネズミをねらってネコが近づいて来たと考えられる。

エジプトや中国のいせきから、人骨や当時の雑貨と共に、イエネコの骨らしきものが発くつされている。

人間とネコは昔から接していたことがわかるのだ。

こたえ

1 リビアヤマネコ

2 穀物をネズミから守る

3 ペストきんを運ぶネズミが増えた

4 約二千年前

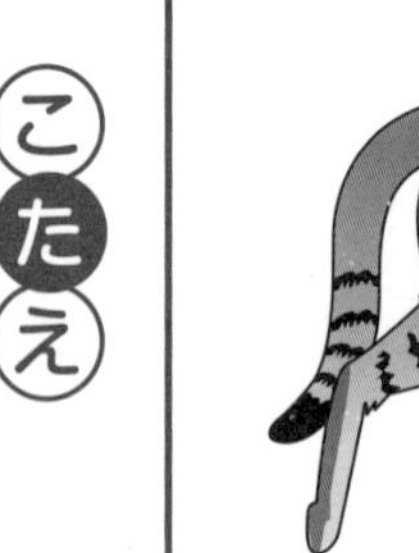

31 理由を読み取る
サンマの不漁

月　日

点/40点

近年、秋の味覚のサンマに異変が起きている。二〇二〇年の水あげ量は、十年前の八分の一ほどにあたるそうだ。

サンマは、回遊魚である。北太平洋に広く生息し、日本近海からアメリカ大陸沿岸まで分布している。

そして、毎年、夏から秋にかけて、太平洋北部の公海から、その一部の群れが㋐産卵のために北海道近くの海まで南下してくる。

だが、近年は海水温の上しょうにより、㋑南下の場所が北東にずれ、日本近海に来るサンマが減っている。そのうえ、大型船による乱かくで、サンマの資源量そのものが減ると㋒危機感が持たれている。

このままでは市民の口からサンマが遠のくばかりでなく、沿岸漁業者の生活もあやうくなる。

---

1 サンマは、どんな魚ですか。（10点）

2 ㋐の理由を書きましょう。（10点）

3 ㋑は、なぜですか。（10点）

4 ㋒を、別の言い方にするとどうなりますか。（10点）

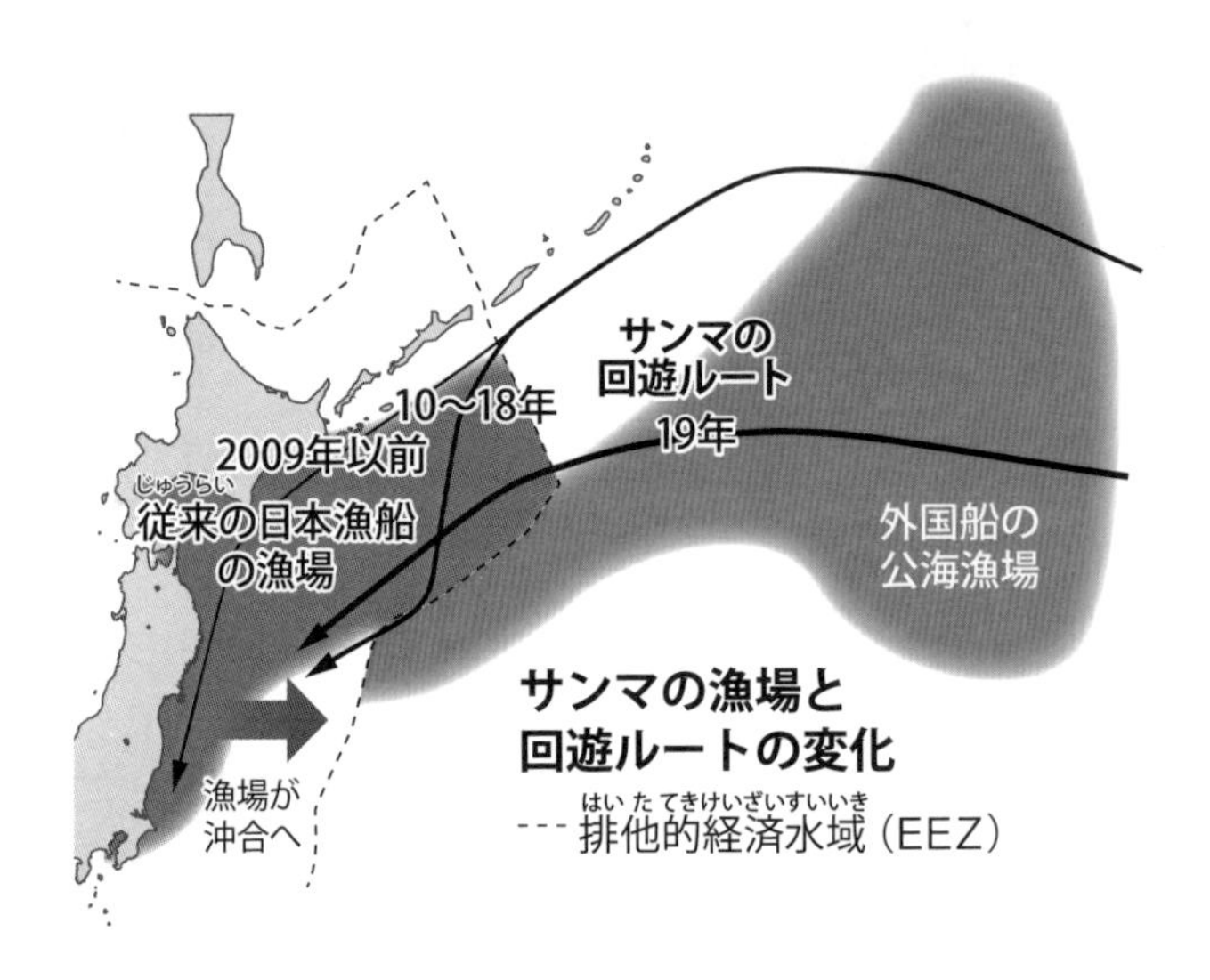

こたえ

1 回遊魚

2 産卵のため

3 海水温の上しょう

4 なかなか食べられない

32 理由を読み取る

完全養しょくウナギ

月　日

点/40点

　スーパーで売っているウナギは、シラスウナギを養しょくで育てたものだ。㋐近年そのシラスウナギを取り過ぎたためウナギが絶めつ危ぐ種に指定された。

　このウナギを守る研究が長年続けられてきている。ウナギの養しょくは、親ウナギが産卵する。卵を幼生（レプトセファルス）にかえす。少し大きく育ったシラスウナギを養しょく池で育てるという順番がある。

　しかし、長年、幼生のエサがわからず㋑特に苦労してきていたのだった。

　二〇一九年、幼生のエサとなるものがプランクトンの死がいなどとわかり、㋒この研究がようやく実を結んだ。

　まだ実験段階ではあるが、この養しょくウナギは今までのウナギと味がほとんど変わらないそうだ。

1 ㋐の理由を書きましょう。（10点）

〔　　　　〕

2 ㋑で、何がわからず苦労していたのですか。（10点）

〔　　　　〕

3 2について、いつ・何とわかりましたか。（10点）

〔　　　　〕年

〔　　　　〕

4 ㋒この研究とは何ですか。（10点）

□□□□□□研究

ニホンウナギはたん水の河川や湖で成長して、海にもどって産卵します。

多くのウナギも温帯地域の河川などにすみ、産卵が近づくと熱帯の海に向かい、その深海で産卵します。

ウナギの卵の大きさは、約一・六ミリメートル、数週間後にレプトセファルスと呼ばれる幼生にかえります。これは、海流にのって、日本近海まで流れてきます。このころ、シラスウナギ（五〜六センチメートル）と呼ばれる自力で泳ぐ幼魚になります。しかし、敵にねらわれないように暗い新月の夜にしかふ上してこないともいわれています。

だから、ウナギは夜行性なのです。

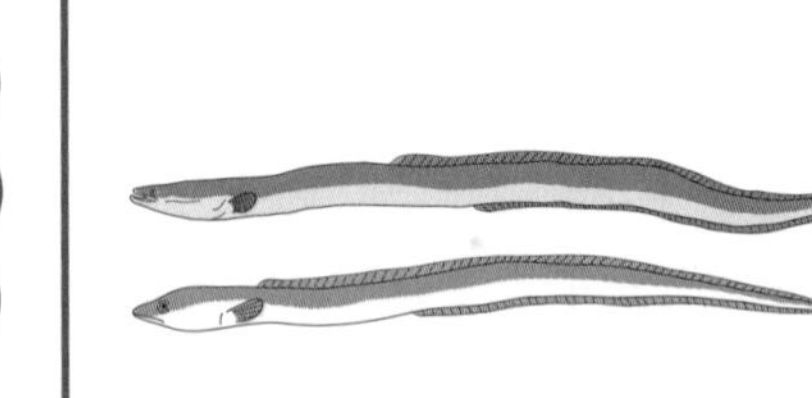

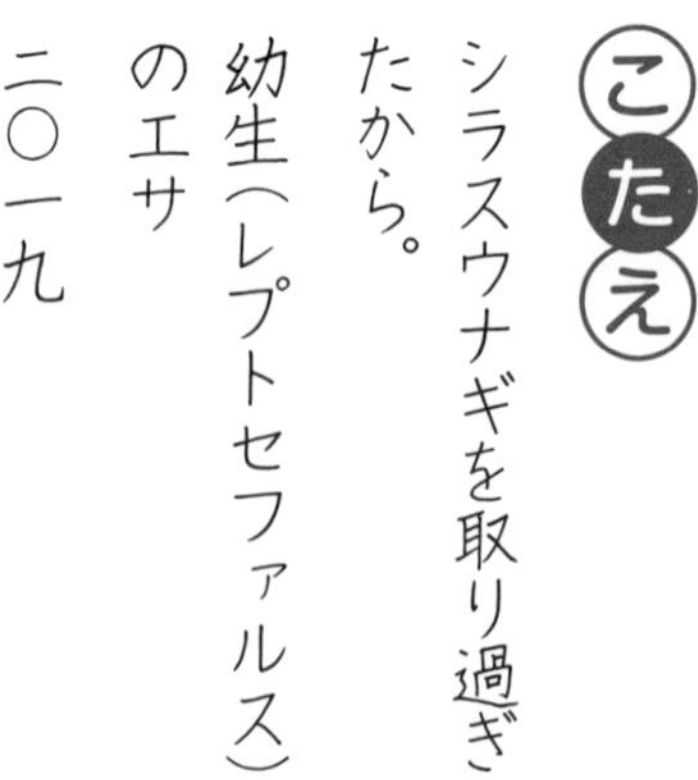

こたえ

1 シラスウナギを取り過ぎたから。

2 幼生(レプトセファルス)のエサ

3 二〇一九
プランクトンの死がい

4 ウナギを守る

要点を読み取る

33 縄文人のくらしと文化

月　日

点/40点

㋐縄文人は自然をよく理解し、春にはハマグリの潮ひがりや山菜つみ、秋には川のぼりのサケを追い、食料がいつどこで取れるのか知っていた。

㋑□、土器には魚やドングリの保存用と、にたき用があり、魚は加工して保存食とする一方、魚油を取り、明かりにも使っていた。

得た材料で道具を作り、生活を改善していたのだ。

大豆などは、すぐに食べるか、余ゆうがあれば粉にしておいたり、大きいものは種として残していたとわかってきた。

これらから、食料を求める移動も減り、より定住に近い、安定した暮らしが成り立っていた。三内丸山遺跡（青森県）の大きさからも縄文人の力が想像できるだろう。

---

1 ㋐の段落の要点を書きましょう。（10点）

縄文人は

［　　　　　　　　　　］

を知っていた

2 ㋑にあてはまる接続語を選び○をつけましょう。（10点）

けれど　また　そこで

3 第二段落に見出しを付けましょう。（10点）

□□□□

4 縄文人はどんな暮らしをしていたようですか。（10点）

□□□□、□□□□暮らし

三内丸山遺跡（縄文時代前期、約五千九百年前〜四千二百年前）に見られるように、人々は、集落のまわりにくりの木を植えていた。

そして、くりの実など固い実は土器でにて食べ、木材は住居の柱に利用していた。

縄文時代の生活

大型掘立柱建物　　大型住居

［三内丸山遺跡　復元建物］

こたえ

1 （自然をよく理解し、）食料がいつどこで取れるか

2 また

3 生活を改善

4 定住に近い、安定した

正倉院の宝物「琵琶」

月　日

点/40点

奈良時代に聖武天皇が建てたという正倉院の宝物の一つに、ギターのような、げんをはじいて音を出す楽器がある。卵を半分に切ったような、果物の琵琶に似た形をしている。

その一つは、七〜八世紀に、はるばるペルシア（イラン）から唐（中国）を経て日本に伝わってきたものだ。

この楽器は、今でもノコギリやカンナで、一つ一つが手作りでていねいに作られている。

このめずらしい楽器の製作や修理に長らく取り組んでいる人の話では、直した部分が目立たないように古い木材を使い、製作者の思いを大切にしていると言う。

また、あとつぎが少ないことが一番のなやみだとなげいている。

1　正倉院には何があると書いてありますか。（10点）

［　　　　］楽器

2　1は、どこから来たものですか。（10点）

［　　　　］

3　㋐の人の話の要点を二つにまとめましょう。（20点）

［　　　　］している

［　　　　］一番のなやみ

正倉院

東大寺にある校倉造りの建物。聖武天皇が使った品物、文書、工芸品、楽器などが宝物として収められている。

現在では年に一度、正倉院展という名で展覧会がひらかれる。

校倉造り

かべが三角形の木材を「井」の字型に組んでできている。空気中のしっ気が多くなると、すき間がしまり、かんそうするとすき間ができ、中の物品をかびなどから守る仕組みになっている。

築1000年の正倉院

こたえ

1 げんをはじいて音を出す楽器

2 ペルシア（イラン）

3 作者の思いを大切にあとつぎが少ないことが

35 要点を読み取る

ジョン万次郎（まんじろう）

月　日

点/40点

ジョン万次郎（まんじろう）という人のことを知っていますか。江戸（えど）時代末期に活やくした人です。

もとは、土佐（とさ）はん（高知県（こうちけん））の貧しい漁師で、一四才のときにあらしに合い、太平洋南方の無人島に流れ着きました。その後、アメリカのほげい船のホイットフィールド船長に助けられましたが、さ国中の日本にはもどれず、アメリカにわたりました。

たった一人でアメリカにわたった万次郎少年は、船長の温かいえん助で英語やほげい術などの勉学にはげみ、二四才で日本に帰ってきました。

その後、幕府（ばくふ）の通訳（つうやく）になったり、勝海舟（かつかいしゅう）や福沢諭吉（ふくざわゆきち）にえいきょうをあたえるなど、日本の開国のために多くのはたらきをしました。

---

1 ジョン万次郎のもとの仕事は何でしたか。（10点）

〔　　　　〕

2 無人島に流れ着いたジョン万次郎は、アメリカのだれに助けられましたか。（10点）

〔　　　　〕

3 アメリカでは何をしましたか。（10点）

〔　　　　〕

4 帰国後、何のためにはたらきましたか。（10点）

〔　　　　〕

ジョン万次郎の生い立ち

一八二七年　高知県土佐清水に貧しい漁師の子どもとして産まれる。

一八四一年　一四才のとき、仲間四人とともに、漂流する。半年間、無人島生活を送り、アメリカの捕鯨船に助けられる。

一八四三年　ホイットフィールド船長とともにアメリカに上陸する。日本人留学生第一号として、たくさんの教育を受ける。

一八五一年　琉球〈沖縄〉に帰ってくる。

一八五二年　高知〈土佐藩〉に帰り、武士に取り立てられ中浜万次郎と名乗る。

一八五三年　江戸幕府に取り立てられ、通訳などで活躍する。

一八六〇年　日米修好通商条約を結ぶための大きな働きをする。このとき、咸臨丸船長、通訳として、勝海舟、福沢諭吉とともに過ごす。

一八六七年　今の東京大学教授となる。

アメリカ、ヨーロッパなどへ出向き、外国とのかけはしとなり、坂本竜馬や板垣退助など多くの人に大きな影響を与えました。

こたえ

1 漁師
2 ホイットフィールド船長
3 英語やほげい術などの勉学
4 日本の開国のため

カンガルー

月　日

点/40点

カンガルーはめずらしい動物である。一番の特ちょうは、腹部(ふくぶ)に子育て用のフクロを持っていることである。子どもを育てるたいばんが未発達のため、赤ちゃんは未熟児(みじゅくじ)として一〜二センチの大きさで生まれる。まだ目もあいていない赤ちゃんは前足を使ってたくみに親のフクロに入りこむ。そして、中にある乳頭(にゅうとう)に吸(す)いつく。

順調に育った赤ちゃんは、半年から一年でフクロから出て独立する。

二番目の特ちょうとしては前足が極たんに小さく五本の指があり、後ろ足は大きく発達し、太いしっぽを支えにほとんど二本足で立つことができることだ。

---

1 カンガルーの一番の特ちょうは何ですか。(20点)

［　　　　　　　　］

2 1の理由を短くまとめて書きましょう。(10点)

赤ちゃんは［　　　］として、一〜二センチの［　　　］で生まれるから。

3 二番目の特ちょうは何ですか。(10点)

［　　　］を支えに［　　　］で立つことができる。

有たい類（フクロネズミのなかま）の動物はしっかりとしたたいばんを持たないため、子宮内で子どもを育てることができず、代わりにおなかにあるフクロで子育てをします。カンガルーやコアラなどです。

一億数千万年前、地球上に広く生息していた有たい類は、その後に進化して生まれてきたフクロのない（たいばんを持つ）けものたち（オオカミやライオンなどのもうじゅう）にほろぼされてしまいました。今残っているのは、オーストラリアやニュージーランドだけです。

コアラ

こたえ

1 腹部に子育て用のフクロを持っている
2 未熟児、大きさ
3 しっぽ、二本足

37 要点を読み取る
梅の実の効用

月　日

点/40点

昔は、お花見の花といえば中国から伝わった梅の花を指していました。それが平安時代になり、国風文化の広がりとともに桜の花に代わりました。㋐［　］、梅は今でも大切にされています。

梅を愛し、「学問の神様」といわれた菅原道真（すがわらのみちざね）。かれを神としてまつった「天満宮（てんまんぐう）」には、多くの梅の木が植えられています。

また、六月に降（ふ）る長雨を梅雨（つゆ）と呼（よ）びます。これは、梅の実が熟（じゅく）す時期に降る雨だからです。その他、梅の実を塩づけにした梅ぼしは、武士の保存食（ほぞんしょく）とされ、戦に欠かせないものでした。その上、殺きん力の強い薬としても利用され、コレラなどの伝せん病から人々を守ったともいわれます。

---

1 第一段落（だんらく）の要点を書きましょう。（10点）

［　　　　］に代わった

2 ㋐に、あてはまる接続語を選び○をつけましょう。（10点）

そして　しかし　なお

3 天満宮はだれを神としてまつっていますか。（10点）

［　　　　］

4 梅の実は、どのように使われましたか。二つ書きましょう。（10点）

［　　　　］

［　　　　］

梅の花見をするだけでなく、梅の実には、さまざまなはたらきがある。

梅ぼしには、食べ物がくさるのをおくらせるはたらきがある。これは科学的にも証明されていて、「梅ぼしをお弁当に入れる」のは、食中毒予防となるのだ。

次に「胃腸薬（いちょうやく）」としてのはたらきもある梅には殺きん効果のほかに、整腸作用などがあり、古くより人々の間で使われてきた。熟（じゅく）す前の梅の実をいぶしたものが「烏梅（ウバイ）」という薬で、胃腸の調子を整えるのに役立つのだ。

1 お花見の花は、梅の花から桜の花

2 しかし

3 菅原道真（すがわらのみちざね）

4 （武士の）保存食
（殺きん力の強い）薬

38 主張を読み取る
食品ロス

月　日

点/40点

㋐食品ロスとは、食品をムダにすること。

人間が食べるために生産する食料は世界で年に約一三億トンで、㋑そのうち、三分の一が失われているという。世界にはうえで苦しむ人びともいる。

日本では、このロスは、約八百万トンで米の生産量にあたる。ロスの内容は大きく分けて、次の三つになる。賞味期限が近づき処分（しょぶん）される加工食品、食べ残し、そして、調理くずである。

㋒この中ですぐに取り組めるものが、食べ残しと調理くずの減少である。

保存（ほぞん）のために冷とう庫を活用するなど家庭で取り組めることもある。

---

1 ㋐食品ロスとは何ですか。（5点）

［　　　　　］にすること。

2 ㋑そのうちとは何ですか。（10点）

［　　　　　］

3 ㋒この中の指している三つの内容を書きましょう。（15点）

［　　　　　］

［　　　　　］

［　　　　　］

4 各家庭での取り組みに何を活用すればよいですか。（10点）

［　　　　　］

短歌に親しむ

春すぎて　夏来にけらし　白妙の
衣ほすてふ　天の香具山
持統天皇

大江山　いく野の道の　遠ければ
まだふみも見ず　天の橋立
小式部内侍

いにしへの　奈良の都の　八重桜
けふ九重に　にほひぬるかな
伊勢大輔

ひさかたの　光のどけき　春の日に
しづ心なく　花の散るらむ
紀友則

こたえ

1 食品をムダ
2 約一三億トンのうち
3 賞味期限が近づき処分される加工食品
食べ残し
調理くず
4 冷とう庫

39 主張を読み取る
び生物のはたらき

月　日

点/40点

けんび鏡でなければ見えない小さな生き物を、び生物という。

㋐び生物は、カビのように食べ物に付いて、食べられなくするものや、コロナウイルスやノロウイルスのように人間の体に入り、病気にしたりするものもある。

しかし、㋑び生物には、人間の暮らしになくてはならないものもあるのだ。

お酒やみそ・しょうゆ作りには、こう母きん、パン作りにはイーストきんが欠かせない。

また、自然の中では、㋒び生物のはたらきにより、動物の死がいや落ち葉などがくさり、ミミズやこん虫の食べ物や植物の養分になる。

このように、多くのび生物がいて、生物界全体が成り立っているのである。

1 び生物とは、どんな生き物ですか。(10点)

［　　　　］小さな生き物

2 ㋑と比べて、㋐はどのように言えばよいでしょう。(10点)

人間には［　　　　］

3 ㋒は、何になりますか。(10点)

［　　　　］

4 筆者の主張を書きましょう。(10点)

［　　　　］

二〇一五年にノーベル生理学賞を授賞した大村智（おおむらさとし）さんは、地中のび生物を研究して、失明を防ぐ薬になる新しいび生物を発見した。

自然の中のび生物は、動物の死がいやフン、植物の落ち葉などを分解する「地球のそうじ屋」だ。その大きさはけんび鏡でやっと見えるくらいだ。

これまでに発見されたび生物は約十七万種で地球上にはこの数十倍以上いるらしい。こわい病気を引き起こすものもいるが、役に立つものも多いのだ。

1 けんび鏡がなければ見えない

2 (例)よくないもの
必要ないもの

3 食べ物や養分

4 多くのび生物がいて、生物界全体が成り立っている

40

主張を読み取る

方言と共通語

月　日

点/40点

旅行のおみやげなどを差し上げると、大阪府(おおさかふ)では「おおきに」、新潟県(にいがたけん)では「ごちそうさま」、東北地方では「たいへん」などと言われることがあります。

㋐これらの言葉は方言で、その地方のようすや気候、生活の仕方と深く結びついた言葉です。方言は、テレビや新聞で使われている全国の人に通じる共通語とちがい、同じ土地で育った人々の間でかわす、その地方独特の言葉です。それは、人々の心をつなぐ、とても重要な道具です。

私たちは、共通語を正しく身につけるとともに、方言も大切にして、後世に残していきたいものです。

---

1 ㋐これらの言葉とは何ですか。（15点）

〔　　〕〔　　〕〔　　〕

2 方言とはどんな言葉ですか。（10点）

□□□□□□ の言葉

3 共通語とはどんな言葉ですか。（5点）

□□□□ に通じる言葉

4 作者の主張を左にまとめましょう。（10点）

□□□□□□□□□□ □□□□ とともに □□□□□□□□□□ □□□□□□□□。

標準語（共通語）と方言

おはよう

おひなりました（青森）
おはやえなし（山形）
おつかりかえ（長野）
おつかれ（山梨）
はやいのー（北陸）
おひなりやした（高知）
おきあがったけ（熊本）

ありがとう

おおきに（関西）
にへーでーひる（沖縄）
ありがとごわす（鹿児島）
だんだん（福岡）
きのどくな（北陸）
ありがとがんす（岩手）
たいへん（福島）

こたえ

1 おおきに　ごちそうさま
たいへん

2 その地方独特

3 全国の人

4 共通語を正しく身につける
方言も大切にする

41 主張を読み取る
地球温暖化

月　日

点/40点

㋐地球温暖化とは、二酸化炭素など、工場や車などがはい出するガスで地球がつつまれ、温度が高くなるということだ。
実際、一八〇〇年ごろと現在の温度を比べるとすでに一度ほど高くなっているようだ。このままだと、二一〇〇年にはさらに四～五度高くなると予測されている。㋑そうなると世界中の海面が八十センチも上がり、多くの国の低い土地が海中にしずみ、土地がなくなってしまう。もちろん、農作物の生産量も減り、食料問題も深刻になる。早急に温暖化ガスを減らす取り組みが必要である。

---

1 ㋐は何が高くなりますか。（10点）

2 ㋑どんなことが起こりますか。　に言葉をあてはめましょう。（10点）

も上がり、
しずむ。

3 作者の主張が書かれている文を書きましょう。（20点）

地球温暖化（おんだんか）は、多くは人間が生活するのに、石炭、石油や天然ガスなどを利用し、二酸化炭素のはい出が増えることで進むとみられています。

このとき、異常（いじょう）気象や海流の変化をともないながら、地球の温度がじょじょに上がっていきます。

当然、北極や南極の氷がとけて、海水面も上がり低い土地は海中にしずみます。

多くの国で土地がなくなり住むところが減り、農地も減ります。

また、海水温の変化は海流の変化となり、漁業にも大きなえいきょうをあたえます。今まで通りの魚がとれなくなったりするのです。

1 温度

2 海面が八十センチ低い土地が海中に

3 早急に温暖化ガスを減らす取り組みが必要である

42 主張を読み取る

米をつくりあげた人類

月　日

点/40点

米を主食にしている人口は、世界の約半数だ。米は日本をはじめアジアしょ国の主食だ。

米は、縄文時代後期に中国から日本に伝わった。そして、弥生時代には、全国的な作物になっている。

米が実るイネは、元々野生の植物だった。野生のイネは、実が小さく、熟すとパラパラと落ちてしまう上、実る時期もずれていて収かくに手間取るものだった。

人類はその中から、より「実が落ちにくい」「実が大きい」「同時期に実る」ものを選んで、一年一年、数千年間にわたって改良し続けてきたのである。

現在のイネはそれらがそろった、より食料として優れたものなのだ。

1 米は、どこから日本に伝わりましたか。（5点）

〔　　　〕

2 米とは何の実ですか。（10点）

〔　　　〕

3 全国に広まったのはいつですか。（10点）

〔　　　〕

4 現在のイネの特長を三つ挙げましょう。（15点）

〔　　　〕

〔　　　〕

〔　　　〕

インド周辺の山がく地帯で、野生イネの種子をまき、その実を収かくしたのが稲作の始まりである。

それが弥生時代、約二千五百～千八百年前に中国、朝鮮半島を経て日本に伝わった（中国、台湾を経てという説などもある）とされる。アジアの中では最後になったようだ。静岡県の登呂遺跡では、あぜや用水路も作られていた。また、固いカシの木で作ったクワやスキなどの農具も発見されている。

その他、集落には高ゆか式倉庫など貯蔵し設も造られていた。

1 中国

2 イネ

3 弥生時代

4 実が落ちにくい
実が大きい
同時期に実る

43 総合問題
いろはたんてい

月　日

点/40点

㋐□はじめに、「いろは歌」を歌います。「いろはにほへとちりぬ(ぬすっと)るをわかよた(たんてい)」で、(ぬ)に当った人は「ぬすっと」に、(た)に当った人は「たんてい」と、歌を歌って敵と味方に分けます。

㋑□、「用意、ドン。」の合図で、ぬすっとたちは一目散ににげていきます。

そして、たんていは、すばやく五十を数えて、全力でぬすっとたちを追いかけます。

つかまえ方は、ぬすっとの背中を三回タッチするだけなのです。しかし、㋒ぬすっともつかまらないよう必死なので、あと少しというところでよくにげられます。ぬすっとを全員をつかまえると交代になります。

---

1 敵と味方をどのようにして分けますか。(10点)

〔　　〕

2 ㋐、㋑にあてはまる接続語を選びましょう。(10点)

まず　次に　さて　また

㋐〔　　〕　㋑〔　　〕

3 つかまえ方は、どうしますか。(10点)

〔　　〕

4 ㋒は、なぜですか。(10点)

〔　　〕

「いろは歌」は、江戸（えど）時代、明治（めいじ）、大正（たいしょう）、昭和（しょうわ）と昔から「ひらがな」四十七字を覚える手習い歌として使われました。

濃（こ）い字はもとの言葉
左の言葉はほぼ現在の言葉

いろはにほへと　ちりぬるを
色はにおえど　散りぬるを
わかよたれそ　つねならむ
我世だれぞ　常ならん
うゐのおくやま　けふこえて
有為（うい）の奥山　今日越えて
あさきゆめみし　ゑひもせす
浅き夢見し　酔いもせず

こたえ

1 歌を歌って
2 ㋐まず
㋑次に
3 ぬすっとの背中を三回タッチする
4 つからまないよう必死だから

44 総合問題
たつ巻

月　日

点/40点

近年、異常気象が続いている。近年には、たつ巻の異常発生もあり、関東地方では㋐大きなひ害も出ている。たつ巻といえばアメリカ大陸特有のものだと思っていたが、二〇二一年にはイタリア、日本など世界中で次つぎと発生している。

たつ巻発生の原因は、積乱雲（入道雲）の巨大化と秋雨前線などの大気の不安定さによるといわれている。

㋑そのこわさは、急に発生し、巻きこまれると、非常に激しい風で地上のいろいろなものがふき飛ばされてしまうことだ。予報も出るようになったが、注意しなければいけない。

1 ㋐は、何によるひ害ですか。（10点）

〔　　　〕

2 ㋑は、何を指していますか。（10点）

〔　　　〕

3 ㋑は意見ですか、事実ですか。（10点）

〔　　　〕

4 作者の主張が書かれている文の始めの五字を書き出しましょう。（10点）

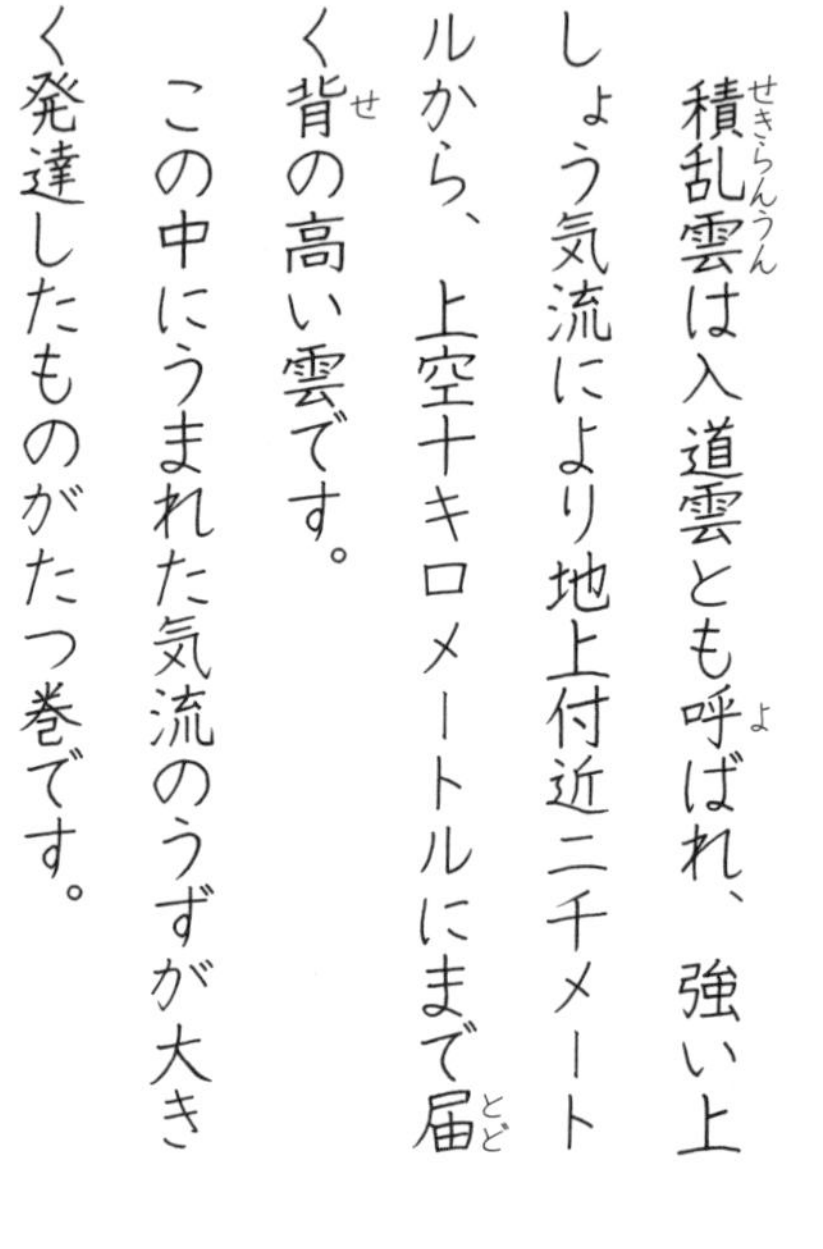

積乱雲は入道雲とも呼ばれ、強い上しょう気流により地上付近二千メートルから、上空十キロメートルにまで届く背の高い雲です。

この中にうまれた気流のうずが大きく発達したものがたつ巻です。

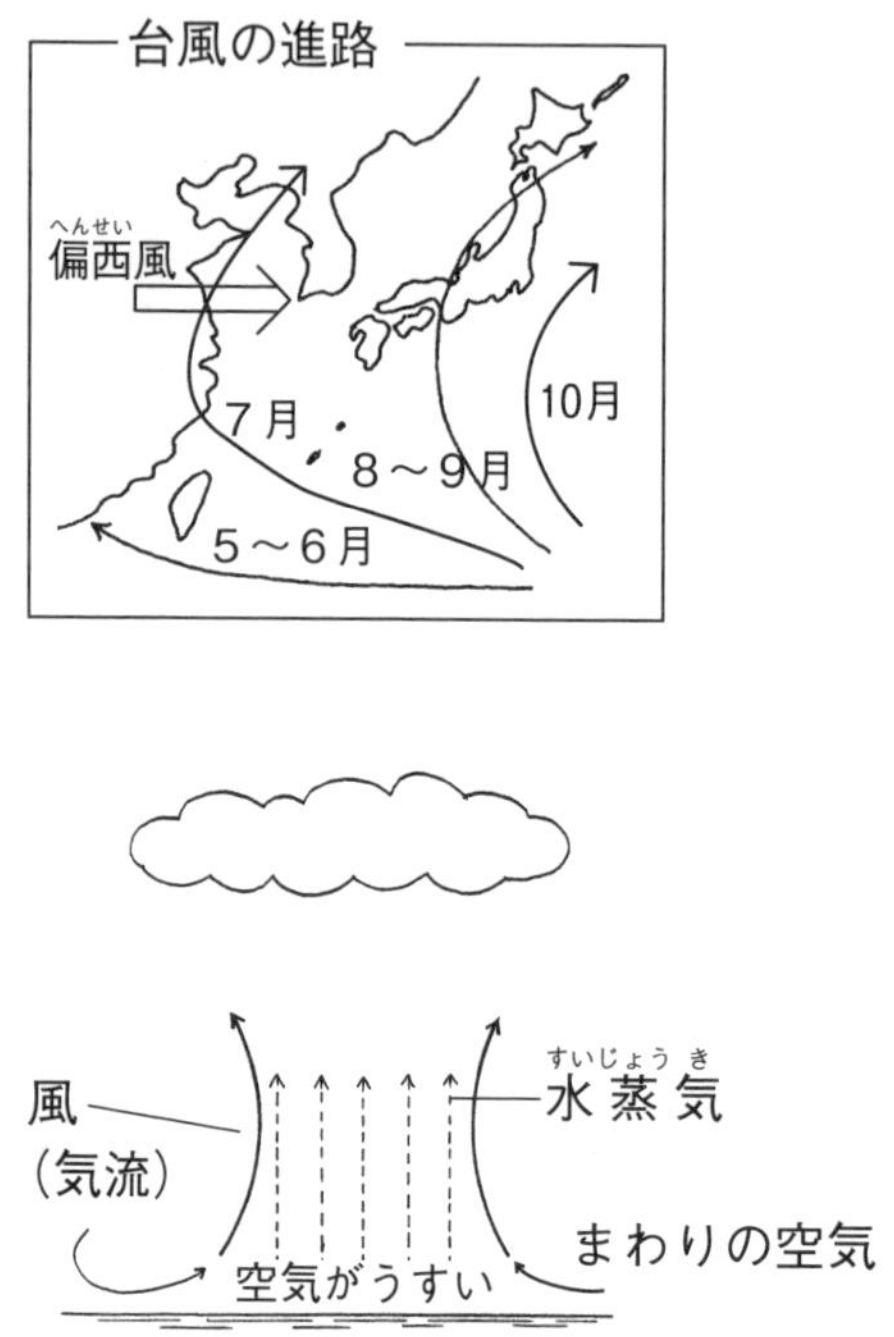

こたえ

1 たつ巻
2 たつ巻
3 事実
4 予報も出る

45 総合問題

人間と暮らすイヌ

月　日

点/40点

今から二～三万年前、「かりと採集」を中心とした生活をしていたころ、人間が野生のオオカミの子どもを飼い慣らし家ちくにしたものが、イヌと考えられている。

縄文時代(じょうもんじだい)の日本には、縄文犬とよばれるイヌがいたようだ。

元はヒツジなどの家ちくをおそうオオカミが、長い年月の間に㋐人間の番犬となり、やがてヒツジやウシの世話をするかしこい牧羊犬、コリーなどがうまれた。

今では、においをかぐ能力が優(すぐ)れたシェパードなどは警察犬(けいさつけん)にもなり、かしこくおとなしい大型犬ラブラドールなどは盲導犬(もうどうけん)やかい助犬になり、イヌは人間の生活を助けてくれている。近ごろは、家族同様に暮(く)らすチワワなどの小型犬も多くなっている。

1 イヌの先祖は何だと考えられていますか。(10点)

〔　　　　〕

2 日本には、どんな犬がいましたか。(10点)

〔　　　　〕

3 ㋐は、どんな犬がうまれましたか。(10点)

〔　　　　〕

4 シェパードはどんな能力が優れていますか。(10点)

〔　　　　〕

イエイヌになる前のオオカミの骨(ほね)は、約四十万年前のものが、中国の遺せきなどで発見されている。

家ちくになるということは、人間と生活を共にするようになることと考えられる。それ以降(いこう)（約三万年前）も世界中でいせきからイヌ科の動物の骨が発見されている。

また、人間がヤリや弓など飛び道具を使用するようになって、イヌの役割(やくわり)がずいぶん変わって来たとも言われている。

現在、イヌの家ちく化は約(やく)一万五千年くらいからと考えられている。子犬から生活を共にして飼い慣らしたのだろう。

そして、人慣れしたものばかりを選んで残したのではないだろうか。

1 オオカミ
2 縄文犬
3 牧羊犬、コリー
4 においをかぐ能力

46 総合問題

外来語あれこれ

月　日

点/40点

「外来語」とは、「元は外国語で、今では日本語のように使われている言葉」のことで、カタカナで表します。

漢字は中国（隋・唐）から伝わっていますが、外来語とされていません。

ア十六世紀に、鉄ぽうやキリスト教を伝えたポルトガルやオランダから多くの外来語が伝わりました。「タバコ」「カルタ」「カッパ」、「コップ」「ランドセル」などです。

イその後、幕末から明治にかけて、アメリカやイギリスと交流が広がり、英語が増えました。今ではカタカナ語は数え切れません。

実は「じゃがいも」「かぼちゃ」も外国の地名からできた外来語です。ジャガタライモ、カンボジアから来たのです。

1 外来語はどのように表しますか。（10点）

［　　　］

2 アは、いつのことですか。（10点）

［　　　］

3 イその後とはいつのことですか。（10点）

［　　　］

4 3のころ、どの国の外来語が増えましたか。（10点）

［　　　］

「外来語」は「カタカナ語」のなかにふくまれます。

カタカナで書く言葉を「カタカナ語」と言い、そのなかでも外国（多くはヨーロッパやアメリカ）の言語でありながら日本語と同じように使われる言葉を「外来語」といいます。言いかえれば、「外来語」ではない「カタカナ語」もあるというわけです。

たとえば、漢字は元々、中国語でしたが、カタカナ語に入らず、外来語にはなりません。

イクラ（ロシア語）
カステラ（ポルトガル語）
ランドセル（オランダ語）
アンケート（フランス語）

こたえ

1 カタカナ
2 十六世紀
3 幕末から明治
4 アメリカやイギリス

47 総合問題
火星に生命体は？

月　日

点/40点

　二〇二一年二月、「火星探査機の着陸」のニュースが㋐世界中をにぎわせた。

　火星は太陽系わく星の一つで、地球の一つ外を回っている。半径は地球の半分で、約二年で太陽を一周する。重力は地球よりも小さい。大気は二酸化炭素が九十五パーセント、ちっ素が三パーセントで酸素は〇・一三パーセントしかない。地表の温度は最高が三十度で、多くはマイナス六十三度。水蒸気や二酸化炭素はほとんどが氷となって地下に存在する。

　また、㋑火星が赤っぽく見えるのは、地表の鉄の赤さびが、砂ぼこりとなってふいているからだ。

　この探査機は、今後、火星の地表で生命のあとかたを探したりする。

1　㋐は、何ですか。（10点）

〔　　　　〕

2　火星について、地球と比べてみましょう。（10点）

半径〔　　　　〕

太陽を回る時間〔　　　　〕

3　火星の地表の温度は、多くは何度とありますか。（10点）

〔　　　　〕

4　㋑は、何があるからですか。（10点）

〔　　　　〕

こたえ

1 火星探査機の着陸

2 半分
二倍

3 マイナス六十三度

4 鉄の赤さび

オゾン層とし外線

月　日

点/40点

地球を包む形でオゾン層(そう)は、昔から、太陽が発する有害なし外線（目に見えない光）から人類を守っています。

このオゾン層は、地球上に生物が誕(たん)生(じょう)し酸素をうみだしたときから、三十六億年かけて成長してきました。

もし、オゾン層がなくなり、㋐し外線が皮ふに大量にあたるようになると、人間は皮ふガンになってしまいます。

海水浴はもちろん、日光にあたる外出さえできなくなるのです。すべての生物の命に関わってきます。

オゾン層は、いわば、地球を守る宇(う)宙(ちゅう)服(ふく)なのです。

1 し外線はどこから来ますか。（10点）

［　　　　］

2 オゾン層はどのような形ですか。（10点）

［　　　　］

3 ㋐が、大量にあたると、どうなりますか。（10点）

［　　　　］

4 オゾン層は何にたとえられていますか。（10点）

［　　　　］

地球の誕生(たんじょう)は約四十六億年前で、その当時、地球上には酸素がなく、二酸化炭素が大部分でした。

その後、約三十六億年前になり、海洋に生物が誕生したといわれています。この海洋に生まれた緑色植物は、光合成により酸素を作り出し始めました。

そして、この酸素の増加とともに、太陽のし外線のはたらきでオゾン層(そう)もできたのです。

オゾン層、そして、酸素、二酸化炭素は地球上の生物にとってなくてはならない大切なものです。

こたえ

1 太陽
2 地球を包む形
3 皮ふガンになる
4 地球を守る宇宙服

49 総合問題
コロンブス「地球は丸い」①

月　日

点/40点

㋐アメリカ大陸を発見したのは、イタリアの船乗りコロンブスだ。

かれは、小さいころから船に乗り、ヨーロッパ各地を航海していた。そして、㋑仕事のかたわら、いつも天文学や地理学、航海学を勉強していた。それは、アジアにある黄金の国(日本)を目指していたからだった。

そのころ、イタリアから船で日本に行くには、アフリカ大陸の南を回って東へ進むため、大変な航海だった。

コロンブスは丸い地球ぎを見るたび、㋒「西へ進めば、もっと早くにアジアに行ける」と考えていた。

船を出してほしいコロンブスは地球ぎを見せて、「西回りの方がアジアに近い」㋓と一生けん命に国王に説明を続けた。

---

1 ㋐は、だれですか。

〔　　　〕(10点)

2 ㋑は、なぜですか。

〔　　　〕(10点)

3 ㋒は、何を見ていたからですか。

〔　　　〕(10点)

4 ㋓は、どのようにしていましたか。

〔　　　〕(10点)

コロンブスは、アメリカ大陸のない地球ぎで見て、
アジアに行けると考えていた

こたえ

1 コロンブス

2 黄金の国（日本）を目指していたから。

3 地球ぎ

4 地球ぎを見せて

50 総合問題
コロンブス「アメリカ大陸発見」②

月　日

点/40点

一四九二年八月、コロンブスたちは、三そうの船で命をかけて、大西洋を西へと㋐出航して行った。

しかし、二か月も海が続き、㋑不安が高まった水夫たちはコロンブスに、「もう引き返そう。」と言い出したのだ。

それをなだめなだめ、進んで㋒いると、水面に木切れが見つかりようやく陸地が近いとわかってきたのだった。

出港から二か月、サンタ・マリア号の水夫が、「おーい、陸が見えたぞー」と、大声でさけんだ。次の朝、その島に上陸し、そこをサン・サルバトルと名づけた。

後の西インド諸島（しょとう）である。そして、㋓翌（よく）年の三月、無事にスペインまで帰り、多くの人にかんげいされたのだった。

---

1 ㋐は、どこへ向かいましたか。(10点)

［　　　　］を［　　　　］へ

2 ㋑は、何と言い出しましたか。(10点)

［　　　　］

3 ㋒は、なぜわかったのですか。(10点)

［　　　　］

4 ㋓は、いつ帰って来ましたか。(10点)

［　　　　］

ことわざ「コロンブスの卵（たまご）」

何でもないように見えることでも、最初に考え、やりとげるのは難（むずか）しいということ

コロンブスのいぎょうを祝うパーティーで、「航海していれば陸にぶつかるのは当然」と言われたとき、コロンブスは「テーブルの卵を立てることができるか」と問いかけた。

それがだれにもできないのを見て、かれは卵のしりを少しつぶしてたてたという。

1 大西洋　西

2 引き返そう

3 水面に木切れが見つかったから。

4 翌年の三月（一四九三年の三月）